Sóstenes Moreno

"VOCÊ NÃO AMA SUA ESPOSA"
e
os Desafios da Inteligência Artificial

SUMÁRIO

INTRODUÇÃO

O tempo das grandes guerras romanas ficou no passado, com a sua fabulosa engenharia logística para transportar armas, exércitos e provisões.

O mundo mudou e hoje as terríveis batalhas se dão no campo cibernético e ou psíquico.

Sem disparar um único projétil, uma única linha de código de instrução, introduzida em um sistema de defesa/comunicação ou uma simples frase exibida em uma tela, ambas são capazes de paralisar um país.

Vivemos em um paradoxo: por um lado obtemos todas as informações do mundo e por outro, perdemos a liberdade e até a vida, em um simples clicar de dedos.

O autor nessa ficção aborda uma das inúmeras possibilidades de riscos, no caso o psíquico, que uma simples frase pode ser capaz, quando veiculada através do uso indevido da Inteligência Artificial.

Durante sua narrativa expõe a preocupação de grandes empresários e líderes mundiais como Elon Musk, Bill Gates, Steve Wozniack, cofundador da Apple, o secretário-geral das Nações Unidas (ONU), António Guterres e mais de uma centena de cientistas e acadêmicos, incluindo o CEO da OpenAI, San Altman, que desenvolveu o ChatGPT, com a evolução da tecnologia da Inteligência Artificial. Há um temor generalizado, de que ela possa destruir a humanidade e solicitam um adiamento no seu desenvolvimento, até que se criem regulamentações ou protocolos para o seu uso.

Simultaneamente às questões levantadas pela tecnologia, são expostas indagações metafísicas e psicológicas vivenciadas pelos personagens da ficção.

A frase que serve de condão à história, levanta dúvidas que se referem a questões emblemáticas, que resvalam na psicologia e psicanálise, com interpretações variadas como:
será que o pecado de Adão, de comer do fruto proibido, descrito nas escrituras, é o responsável por essa nossa incompletude de amor ou sexo?

Que essa busca pela "cara-metade", estaria relacionada ao pecado de Adão, ao desejo do proibido ou ao mito de Aristófanes, para justificar as traições?

E de como a culpa carregada da traição, dissimulada sob diversas capas, submete a racionalidade a impulsos de animalidade, imersos no subconsciente?

Por que somos seres desconfiados de tudo e de todos? Até da pessoa amada e de nós mesmos?

Você já parou para se perguntar, se uma frase é capaz de mexer com a sua cabeça, com a sua maneira de pensar? E de fazê-lo agir, com reações diferentes e assustadoras daquelas que imagina que faria?

Pois bem, se ainda não trilhou esse caminho e tiver coragem e se quiser, posso lhe ajudar a seguir nessa viagem de descobrimentos.

Então, vamos lá: Imagine a seguinte cena: você recebe no celular ou computador, a mensagem: "VOCÊ NÃO AMA SUA ESPOSA". Qual é o primeiro pensamento que surge em sua mente? Não precisa responder. Compare-o com outros aqui relatados, de pessoas comuns como você. Sua atitude será semelhante a deles, ou irremediavelmente oposta?

Verifique!

Lembre-se de que, embora sejamos fisicamente quase idênticos, nossas mentes diferem pela idiossincrasia que possuímos individualmente. Cada um reflete em seus atos, sua riqueza interior. Nisto reside a beleza da existência humana. Viva, e seja feliz!

"A maior ameaça para a humanidade não é a mudança climática, mas a Inteligência Artificial"
Nick Bostrom- 2015

Segundo Elon Musk:
"A IA é mais perigosa do que, digamos, um projeto de aeronave mal administrado ou a produção de um carro ruim, no sentido de que tem o potencial, por menor que se considere essa probabilidade, tem o potencial de destruir a civilização"

A AMEAÇA

Capítulo I

A Origem do Código "LZXZ.42"

"Dê poder ao homem e descobrirá quem ele realmente é." - frase atribuída a Maquiavel.

No caminho de retorno a sua casa, depois de um dia de muitas negociações, o trânsito à sua frente é intenso com enorme engarrafamento.

Para aliviar o estresse da viagem, sintoniza um arquivo de música clássica, que no momento toca a Ave Maria, de Gonoud.

Os sublimes sons do piano harmonizam o espírito de Arthur, o diretor de vendas de uma grande multinacional, produtora, distribuidora e vendedora de gases. As demais músicas continuam espalhando no ar uma restauradora energia, que ele nem percebe que já está adentrando ao condomínio, chegando em casa.

Ao se aproximar do portão, os cachorros Titan

e Zeus começam a fazer festas, soltando latidos curtos e alegres.

Salta do carro, abre o portão e passa a mão na cabeça dos cães. Com palavras amorosas pede para que eles fiquem ao lado, desimpedindo a entrada.

Fecha os portões e eles o seguem, saltando alegres, como se ele estivesse ausente por muitos meses.

Roda a chave de uma das portas da cozinha e adentra à casa. Abre a geladeira e vasculha por algo diferente; sim, parece que existe uma embalagem nova que sua esposa Veruska comprou.

Virou o pote, para ver do que se tratava. Nele, escrito em letras marrons: doce de abóbora. Ele pensa: a Veruska é muito maneira, ela sabe que eu gosto desse doce e está sempre me agradando.

Rápido, enche uma colher e a leva à boca. Que delícia! Aquele sabor preenchendo toda a sua boca e sentidos!

Ele viaja de olhos fechados e lambe os lábios, a fim de exaurir aquele néctar, o doce de abóbora.

Com a colher vazia à mão, o pote a sua frente e um desejo incontido, não resiste: nova colherada do desejo é levada à boca.

Aquele manjar dos deuses, sua sobremesa favorita, é irresistível para ele. Fecha o vidro e o retorna à geladeira. Lava a colher e a coloca no seu local, no porta-talheres, sobre o mármore da pia.

Os cachorros ficam na cozinha, enquanto ele sobe para seu quarto. No caminho, decide dar uma olhada no seu notebook, que ele não abre há mais ou menos uma semana.

Coloca-o sobre a mesa, no cômodo que é conhecido como o quarto do computador.

Ao mesmo tempo em que o liga, ouve os cães latirem, indicando que sua esposa está chegando. Ela havia ido à casa de uma colega, para finalizar um trabalho de pós- graduação.

Entre os latidos dos cães, ele ouve a suave voz dela dizendo: Bem, cheguei!

Ele responde: ok.

Os ícones são lançados na tela e ele clica no programa que deseja abrir. Simultaneamente à abertura surge uma mensagem: "VOCÊ NÃO AMA SUA ESPOSA".

O quê, que que é isso? Indaga com os olhos fixos na tela.

Seus olhos, mente e coração estão acelerados. Raciocínio a mil. Neste momento, escuta a voz de Veruska, falando no corredor, antes de entrar no quarto.

Nervoso, ele tenta abrir outro programa, para encobrir a mensagem, mas ele não entra. A frase está ali, o desafiando.

Os passos dela se aproximam e ele olhando fixo para a tela. Subitamente, a mensagem some no exato momento, em que ela se aproxima do notebook.

Veruska olha para ele e percebe algo estranho e pergunta: bem (forma carinhosa, como ela se dirigia a ele), você está bem?

Você está meio pálido e gelado, o que houve?

Arthur responde, omitindo a mensagem vista: não sei. Ao sentar aqui na cadeira, comecei a sentir algo estranho. Tentando não demonstrar o seu real estado interior.

Ela olha para ele e diz: espera aí que eu vou lá embaixo, pegar algo para você tomar. E volta, com um copo de água de coco.

Durante o intervalo de tempo, de descida e subida de Veruska, ele se concentra para parecer mais sereno.

Ela com a sensibilidade extrema que só as mulheres possuem, conhecia o seu marido, há mais de 20 anos e sabia que algo estranho, estava correndo com ele. Um problema de doença ou do trabalho; alguma coisa ele estava escondendo dela.

Enquanto ele bebe aquele líquido saboroso, meio adocicado da água de coco, ouve a baixinha (forma delicada, como ele se dirigia a ela), dizer: eu já te falei que você precisa procurar um médico. Você é teimoso!

Ele dá um sorriso, ou algo parecido e promete que irá sim, agendar consulta com o cardiologista.

Ela desce, levando o copo, para preparar alguma coisa para comerem, mas uma preocupação passou a germinar na mente de Arthur.

Ele se levanta e caminha até a janela do quarto e olha para fora, tentando pensar sobre a mensagem que vira no notebook. Questiona várias hipóteses:

Pode ser um hacker, tentando uma

chantagem. Pode ser um vírus que rouba os dados. Pode ser tanta coisa, mas o que realmente o preocupa, é o seu relacionamento extra com Patrícia, gerente de Relações Humanas.

Com a dúvida latente da mensagem em seu cérebro, resolve banhar-se, pois ouve dizer que o banho, troca a energia do corpo. E a dele precisava ser modificada, urgentemente. Funcionou.

Desce as escadas em direção à cozinha e a baixinha, parecendo aprovar a sua fisionomia, lança-lhe um olhar de aprovação, dizendo: você está melhor, parece que o banho lhe fez bem.

Durante o lanche ela falou do encontro com a sua colega e que o trabalho de pós-graduação ficou muito bom. Deverá ser apresentado na próxima semana, na turma. Que está ansiosa pela apresentação do projeto. Que horas antes, tomará um calmante, este é o seu plano.

Ele se despede dela, dizendo que hoje o dia foi muito cansativo, que precisa deitar-se mais cedo.

A cama macia, travesseiro adequado, perfumados, temperatura agradável, tudo presente, mas Morfeu, o deus do sono, ausente.

A profusão de pensamentos é algo assustador, no sentido de responsabilizá-lo, por sua conduta.

Como aquela frase foi parar ali? Uma chantagem ou um vírus para roubar dados do notebook?

De repente, uma preocupante ideia passa pela sua cabeça. A de que a mensagem possa aparecer, no computador do quarto, em que ambos usam. Em sua imaginação vê sua esposa, à frente da frase que o angustia; não consegue dormir. Se isto acontecer, será o fim. Pensa.

Com um salto, levanta-se da cama. Neste instante, Veruska entra no quarto.

Frente ao olhar indagativo dela, fingindo demonstrar tranquilidade, ele diz: lembrei-me de uma divulgação que está no meu computador, que vou precisar amanhã, lá na firma. Vou mandar um e-mail para mim.

Senta-se à frente do computador, dobra levemente o corpo e aperta a tecla da fonte de energia e em seguida, a tecla de inicialização.

"VOCÊ NÃO AMA SUA ESPOSA" são os dizeres que surgem perante os seus olhos.

O quê é isto, no meu notebook e no computador que usamos? A mesma mensagem, dizendo que eu não a amo? Pensamentos, adrenalina, emoção e batimentos cardíacos, tudo a mil. Que pesadelo! Exclama.

Dobra o corpo para trás, na cadeira e olha em direção ao quarto. Ele está escuro, logo Veruska deve estar dormindo. Isto o acalma.

A afirmação projetada à sua frente, na tela, tinha o poder de uma bomba atômica. Precisava desativá-la. Ela não poderia ser vista por sua esposa.

Neste instante, a frase se desloca por várias áreas da tela, como se tentasse escrever algo. Ele acompanha aquele movimento com os olhos, tentando entender o que ele quer dizer. O mesmo movimento se repete algumas vezes. No seu último deslocamento, o rastro das luzes deixadas pelos deslocamentos anteriores, parece formar uma combinação de números e letras, pouco nítida, por uma espécie de nuvem à frente das palavras, mas que ele entende como "LZXZ.42".

"LZXZ.42". O que é isso? Um código? Um aviso ou uma ameaça? Se pergunta.

Será que nossos computadores estão infectados, o meu notebook e esse aqui do quarto?

Com o racional e emocional alterados, não consegue entender o que lê.

A combinação vai se apagando a sua frente, muito lentamente, mas ele tem a impressão de fixá-la à mente. Coisa de louco, não estou raciocinando direito, vou dormir! Pensa, sem obter resposta às indagações, referente às mensagens surgidas.

Parecendo entender a sua angústia, a mensagem que já era nebulosa, já se encontra quase totalmente dissolvida e some.

Quando ele volta seus olhos à tela, após viajar em indagações mentais, não há mais aviso nela exposta.

Olha para o monitor e se pergunta: isso é real, o que eu estou vivendo? Eu vi mesmo essa frase? Se for, qual o recado que ela quer passar? E esse código, esse aviso ou ameaça, o que que é isso?

Neste exato momento tem a impressão de que seu corpo, é perpassado por uma estranha energia. Não controla mais seus pensamentos, músculos, nada. Parece não possuir mais corpo, massa física. Sente-se flutuar no espaço. É como se não tivesse corpo. Ele é o quarto! É tudo!

Arthur está muito confuso. Não tem certeza o que aconteceu com ele. Não sabe quanto tempo permaneceu nesse estado de transe. Sente seu corpo diferente, que aos poucos retorna ao normal. Há um certo formigamento na região próxima ao coração.

Refeito da experiência vivenciada, busca retomar suas indagações sobre as mensagens observadas e dá prosseguimento aos seus pensamentos: primeiro, surge a comunicação incisiva e incomodativa de que ele não ama sua esposa. Agora, a mensagem que some. E por fim, a sensação de flutuar. Será que ainda virão mais mensagens e sensações? Seria um aviso? Ou um sexto sentido?

Sentado como está, dobra-se à frente, apoiando o seu cotovelo na mesa e o queixo em sua mão, em uma atitude reflexiva, semelhante àquela representada pela escultura, O Pensador, de Auguste Rodin.

Nesta posição, ele parece configurar uma das possíveis interpretações sobre a escultura: a figura de Dante, autor da Divina Comédia, sentado à porta do inferno, refletindo sobre suas 9 camadas.

Rapidamente seu cérebro faz associações entre o que leu e as apreensões que elas suscitaram. Intuitivamente, sem o saber, associa o computador à entrada dos humanos aos portões do sofrimento.

Arthur não sabe ou talvez até saiba, mas

momentaneamente cria uma zona de sombras, para não se aprofundar no assunto metafísico, embora viva rodeado deles.

Não percebe, mas o seu pressentimento associa o computador ao inferno e a sua tela, aos seus portões. O computador seria o inferno dos humanos. Estaria ele certo?

Sua intuição seria o produto de um viés cognitivo ou uma premonição?

A preocupação com sua esposa desvia o foco da sua intuição. Faz com que ele dobre a sua cadeira para trás, vire a cabeça para o quarto onde ela dorme. A escuridão proveniente de lá o acalma.

"VOCÊ NÃO AMA SUA ESPOSA" reflete em seus pensamentos, como uma música repetitiva que o incomoda. E a figura da amante surge a sua frente, em sua mente.

Ele precisa encontrar uma maneira, para ter certeza que no dia seguinte, o computador não poderá ser ligado pela Veruska. Ela não pode ver essa mensagem! É o que pensa.

Uma de suas primeiras ideias é ir lá embaixo, no jardim de inverno, onde se encontra o quadro de disjuntores e desligar a fase que energiza o computador. Mas ele não se lembra, se a luz do quarto está na mesma fase que o alimenta.

Resolve ir lá embaixo e fazer o teste, para eliminar a sua dúvida. Seu primeiro gesto foi levantar-se da cadeira, mas evitou levar o seu plano à frente. Ela poderia acordar, com sua movimentação de subida e descida na escada.

Pensa com mais profundidade: se ele adotar essa primeira ideia, basta que sua esposa vá lá embaixo e retorne a tecla do disjuntor, à posição de ligado. Isto ela já aprendeu com ele, a olhar o quadro de disjuntores, como primeira providência, quando tentar ligar alguma coisa e não conseguir. Essa opção do disjuntor, então é descartada.

Seu segundo pensamento foi o de abrir o computador e desconectar o cabo flat, que liga o HD. Mas isso também geraria seus deslocamentos, de subida e descida, pois sua caixa de ferramentas se encontrava lá embaixo, no armário onde mantém suas várias ferramentas.

Ele fecha os olhos, tentando imaginar uma solução para que o computador não seja ligado.

Maravilhoso é o pensamento humano; o cérebro. Em fração de segundos ocorrem milhares de sinapses, buscando encontrar um elo para o problema questionado. Ao abrir os olhos, ainda tentando encontrar uma resposta, ele vê a caixinha da fonte. E uma solução surge: Arthur retira o seu fusível. O computador não será energizado e portanto, não será ligado.

Agora, com a ameaça neutralizada, acredita que já pode dormir menos angustiado.

No dia seguinte acorda cedo, prepara o café e o leva para Veruska, que adora um cafezinho puro, pela manhã. Ele ao contrário dela, em vez de café puro, gosta de "café com duas mãos".

Duas mãos significa dizer, que em uma das mãos, se segura o café e na outra, algo para comer.

Essa expressão ele aprendeu com um prestador de serviços, que foi em sua casa fazer um trabalho. Ao ser indagado se aceitava tomar um café, ele respondeu com uma pergunta: se era café com uma mão, ou duas mãos? Arthur a acha interessantíssima; ela retrata o modo simples, do dito povão, se expressar no dia a dia.

Veruska sempre meiga, ainda estava na cama e lançou aquele suave olhar verde, de agradecimento, pelo café servido. Aquilo era muito bom para ele, o envaidecia.

No trajeto para seu trabalho, sozinho no carro, a mensagem retorna a sua mente de forma inquietante. Procura pensar em outra coisa e aciona uma música suave, para ajudá-lo nesse momento de grande ansiedade.

Após zapear por várias que não o interessaram, a frase voltava a latejar a sua mente, depara-se com a nona sinfonia de Beethoven. Foi sentindo envolver-se na atmosfera relaxante e romântica da música. Algo inexplicável apoderou-se de seu coração e mente, ele se deixou transportar nessa emoção e todas as preocupações desapareceram. Quando deu por si, já estava estacionando o carro, na empresa em que trabalha.

No curto espaço de caminhada, cumprimenta os porteiros e segue até a sua sala. Antes mesmo de atingi-la, passa por diversas diretorias, sendo a dele, a última.

Carmélia, sua assistente, o relembra das atividades mais urgentes do dia.

Após alguns despachos e ligações, ele liga o computador. Findo o processo de inicialização do mesmo, é estampado na tela: "VOCÊ NÃO AMA SUA ESPOSA".

Ao ler a mensagem angustiante e inquisidora a sua frente, ele mesmo sendo muito racional, não se contém: fala alguma coisa entre os dentes, em um tom raivoso e apreensivo. Sua fisionomia está encrespada. Seus olhos duros na tela.

Carmélia vira a cabeça e percebe que algo estranho está ocorrendo com ele.

Ela levanta-se e pergunta, olhando para ele e para o computador: você está bem?

Arthur percebe o olhar dela e indaga: você viu o que estava escrito aqui?

Inexplicavelmente a frase havia sumido, com a chegada de Carmélia.

Ela responde: não, a tela que eu vi é essa que está aí agora.

Ele parece ter ficado satisfeito, por ela não ter visto a mensagem e se justifica, dizendo que pensou ter perdido um arquivo que havia levado muito tempo para escrever. Sendo este o motivo daquela explosão de sentimentos.

Carmélia conhecia seu amigo muito bem, há muito tempo. Desde quando ele era gerente da multinacional fabricante de tratores. Inclusive, foi ele que a convidou para ocupar o atual posto. Ela sabia, por este instinto sensível de percepção, que brota nas delicadas almas femininas, que ele estava ocultando algo dela. Algo mais grave do que um simples arquivo perdido. Assim, ao respondê-lo, sublimou seus pensamentos, de modo que suas feições demonstraram ser verdadeiras as suas palavras quando o respondeu.

Arthur desiste do computador, o desligando. Não quer correr riscos, com essa estranha afirmação exposta pela mensagem, em torno de sua intimidade.

Levanta-se para respirar um ar puro e fresco, pois seus pensamentos estão em polvorosa, com a visualização dos mesmos dizeres, no computador de sua casa e no de seu trabalho.

Enquanto lá estava, sorvendo o ar atmosférico, o oxigênio inspirado pelos seus pulmões parece ter aumentado as suas sinapses, pois alimentou o ordenamento de seus pensamentos.

Primeiro: será que viu, a mesma frase de casa, no computador do trabalho? A mensagem que viu no trabalho, não seria a projeção da sua preocupação, com relação a sua vida dupla?

Segundo: se ela reaparecesse, procuraria o seu amigo Marcelo, Diretor de TI, duas salas antes da sua.

Ele retorna ao seu local de trabalho, toma um cafezinho na entrada e de novo, senta-se à frente do computador.

Entre apreensão e tensão, o liga com os olhos grudados na tela.

Tudo normal. Ele vive uma sensação de paz neste instante, em que olha para o monitor.

Arthur continua trabalhando e de repente, do nada, surge o aviso perturbador novamente, no meio da tela. "VOCÊ NÃO AMA SUA ESPOSA".

Ele olha, gira o torso e a cabeça, para ver se alguém está percebendo a mensagem. Não, ninguém a vê, só ele. A ameaça está ali, brincando de pique-esconde.

Ele pensa: Isso é uma perseguição, estou ficando maluco? Em casa essa mensagem aparece e agora, aqui na empresa? O que é isto, uma chantagem, um vírus? Que porra é essa? Esbraveja.

Desliga o computador, levanta-se e vai até a sala do seu amigo Marcelo.

Conta-lhe sobre a frase que apareceu no computador e notebook de sua casa e agora aqui, na sua sala.

Fala de sua preocupação com a sua esposa Veruska, de não saber o seu caso com a gerente.

Marcelo com a característica das pessoas atenciosas, calmas e inteligentes o ouve. Olha fixamente para Arthur e diz: amigo, vamos resolver isso. Vamos à sua sala!

O computador é ligado e a frase não aparece, Marcelo entra com alguns comandos, pelo teclado, vasculhando possíveis brechas de vírus. Após quase uma hora de testes, vira-se para Arthur e diz: aparentemente seu computador está OK, mas qualquer coisa, me liga, e se despede do amigo.

Arthur sente um alívio perpassar o seu corpo e joga suas costas na cadeira, elevando seus braços para o ar, em um gesto, característico de espreguiçamento, de obtenção de novas energias.

Sua sensação de alívio é ínfima. Ao retornar

seu corpo à posição normal e olhar para a tela, sente-se perseguido, quase encurralado, pela ameaça que aquela sentença representa. Ela está lá, a sua frente, desafiadora.

É como se fosse uma sentença proferida por um juiz, ela se impõe.

Respira fundo. Seus pensamentos estão nebulosos, confusos, mas ainda assim ele consegue extrair uma ideia que julga interessante: tirar uma foto da tela e mostrar para seu amigo Marcelo.

Ligeiro, temeroso da frase sumir, retira o celular do bolso e zap, tira uma foto.

Antes de enviar, olha se ela ficou boa, mas não há foto. É uma retrato do nada, uma paisagem em branco.

Instintivamente, olha para o celular e aciona o disparo da câmera. Nada, de novo, não há nenhuma imagem registrada.

Será que o meu celular está com problemas? Pensa.

Ato contínuo, aponta a câmera para o quadro de sua sala e a aciona. A bela paisagem das montanhas verdes, ao fundo de uma linda extensão de areia branquíssima, banhada por um mar azul, com ondas que se quebram suavemente na praia, ficou registrada.

Liga para Marcelo e relata todo o ocorrido, desde o momento em que ele deixou a sua sala, o retorno do aparecimento da mensagem, as duas fotos que não saíram e a do quadro de sua sala, para mostrar que a câmera do celular estava boa.

Fala que os dizeres têm o poder de desaparecer, com a aproximação de alguém.

Do outro lado da linha Marcelo o acalma e diz: vou pedir para dar uma olhada no seu computador e te envio outro para trabalhar.

Amanhã você me traz seu notebook e se quiser, o computador também.

Marcelo após conversa com Arthur, segue pensativo. Tem ouvido alguns relatos estranhos, a respeito de trojans e vírus, que se instalam no computador. Eles estão se tornando, quase invisíveis aos softwares de proteção.

Ao retornar a sua sala, alguns colegas discutem sobre questões pertinentes aos novos sistema de proteção das comunicações que estão sendo desenvolvidos.

Conversa com eles e se dirige a sua mesa. Seu computador está no modo repouso. Ele clica no "enter". Simultaneamente ao apertar a tecla, ele dirige seu olhar para a gaveta. Ao retorná-lo à tela, vê a frase que seu amigo não conseguiu mostrar-lhe, bem no centro do monitor: "VOCÊ NÃO AMA SUA ESPOSA".

Marcelo fixa os dizeres, pensativamente: que tipo de vírus é esse? Se ele teve origem na casa do Arthur, como ele veio parar aqui, uma vez que nada foi introduzido no computador?

Se o vírus está em nossa rede interna, porque os outros computadores não foram infectados?

Seu raciocínio analítico é rápido, buscando possibilidades e encontrando caminhos, para tentar solucionar o que se apresenta para ele, como o enigma da esfinge: decifra-me ou devoro-te.

Liga para seu gerente de TI, Michael, competentíssimo, com mestrado em sua área e pede para ele vir urgente a sua sala.

Menos de 5 minutos foi o tempo necessário para ele apontar no corredor de entrada. Neste instante, os dizeres somem, diferentemente das outras vezes, que só desapareciam quando a pessoa caminhava em direção à tela, o que não ocorreu.

Michael senta-se ao lado do diretor e ouve dele a descrição de tudo o que ocorreu, desde quando a mensagem surgiu no computador do diretor de vendas, em sua casa e aqui na empresa. Complementa a informação, de que agora, a frase apareceu no seu computador, aqui da empresa.

Relata que seus técnicos fizeram uma inspeção minuciosa nos computadores de Arthur e nada encontraram.

Uma das questões que mais levanta dúvidas, diz respeito entre outras, é o fato de não se conseguir registrar os dizeres da tela.

Ele mesmo tentou tirar a foto duas vezes. O resultado é um registro em branco!

Michael presta enorme atenção no que Marcelo diz, com as pernas cruzadas e a mão no queixo, procurando não perder nenhum detalhe do que foi dito.

Olhando para o computador e para ele diz: vamos ali tomar um café. Marcelo não entende bem, mas levanta-se e segue o seu gerente. Próximo à máquina de café, Michael diz que precisa fazer uns testes, para confirmar alguns caminhos que devem ser explorados, para entender como a mensagem aparece.

Para isso, pede que os celulares sejam desligados, enquanto durarem os testes. O que prontamente ocorre.

Com o desligamento dos celulares, ele explica para Marcelo os testes que deseja fazer. E eles têm início. Marcelo, de volta à sala, desliga o computador, enquanto Michael vai à sala ao lado.

Na primeira experiência, antes de ligar o computador novamente, Michael improvisa a colocação de um espelho, em uma determinada inclinação, de forma a projetar nele, a tela.

Ele se põe atrás do computador, com o celular à mão, pronto para disparar a foto.

Marcelo o liga. Os ícones são plotados na tela e milésimos de segundos depois, a angustiante frase surge. Zap, Michael aperta o botão de disparo.

O diretor levanta os olhos e percebe, pelo olhar do gerente a sua frente, que eles haviam obtido sucesso na experiência.

Um brilho de satisfação e alegria é refletido em seus olhos ao ver a mensagem impressa.
Verificam e confirmam que a frase agora está registrada, pela foto obtida da tela. A ameaça foi captada.

Não emitem nenhuma palavra, conforme haviam combinado, mas elas se expressam em suas feições.

Ao deslocamento de Michael em direção a Marcelo, a mensagem some da tela. A improvisação do espelho para a foto é retirada. O computador é desligado novamente e os celulares ligados.

Na segunda experiência, com o computador desligado, Michael fala que deseja tirar uma foto da frase. Que irá montar um espelho, em frente a ela, para fotografá-la e retorna com a improvisação do espelho, que havia sido feita anteriormente.

O computador é ligado tendo a sua frente o diretor e ao fundo Michael, com o celular à mão, pronto para a fotografia, posicionado como na experiência anterior.

A inicialização ocorre e a frase não aparece. Aguardam aproximadamente 10 minutos e nada da mensagem.

Michael acena para deixarem o local e desligarem o celular novamente.

Explica que já possui elementos suficientes para sinalizar alternativas de investigação. Que vai se debruçar sobre o problema com empenho.

Marcelo comenta a respeito das experiências. Na primeira, sem que dissessem o que iriam fazer, conseguiu-se obter a foto. Já na outra experiência, comentou-se a ação que seria executada e mesmo estando desligado o computador, ainda assim a frase não apareceu.

São muitas indagações em sua cabeça:

Os seus celulares poderiam intervir no aparecimento da mensagem no computador? Qual seria a sua participação no resultado das experiências?

Estaria o computador captando as mensagens das vozes e agindo de acordo com elas? Por que a frase não apareceu, com o dispositivo montado para fotografá-la?

Que tipo de vírus é este que é capaz de auto modificar-se, frente aos controles? Que inteligência ou que grupo estaria por trás do vírus? E com qual objetivo?

São muitas as dúvidas no raciocínio analítico de Marcelo, que precisam ser clarificadas.

Michael faz considerações sobre as suposições levantadas pelo diretor, mas alertando que nunca viu algo igual. Que consultará seus mestres na faculdade, principalmente o que foi seu orientador no mestrado e ministra aulas em Segurança da Informação. Antes de se despedirem, religam seus celulares.

Capítulo II

A Psique Abalada

Veruska logo após tomar o cafezinho, oferecido na cama por Arthur, se dirige ao banheiro e ao seu banho matinal. Aquela ducha quente era o seu revigorante para enfrentar as suas crianças, assim ela pensava.

No closet do banheiro, escolhe as roupas. São duas portas repletas de um estilo próprio, só dela, que mistura o moderno e o clássico.

Em seguida, demora-se um pouco mais, frente às dezenas de pares de sapatos, sandálias e botas. Por fim, um tempo para escolher qual a bolsa que melhor combina com as roupas e os sapatos.

Olha-se no espelho, uma linda mulher de belos e atraentes olhos verdes, feições com ângulos retos e fortes, características de sua herança europeia, nele é refletida. Sente-se feliz com o que vê. Olha a hora. Caramba! Como ela escapa rápido de manhã! Pensa.

Já levemente acelerada, passa perfume e desce as escadas, para comer alguma coisa antes de ir para a escola.

Os cachorros já estão na porta de vidro, que separa a cozinha do andar de cima, fazendo seus gracejos, de latidos alegres e pequenos uivos.

Zeus, um lindo labrador creme a adotou, ou ela o adotou. Há uma cumplicidade entre os dois, pelos olhares que trocam. Puro amor!

Cada um se coloca ao lado de sua cadeira, o Zeus à esquerda e o Titan à direita, aguardando contatos e petiscos.

O lanche é rápido. Bolsa com as tarefas dos alunos ao ombro, ela sai, deixando os cachorros no portão. Antes de fechá-lo, fala para eles: mamãe vai ali na escola, mas volta rápido, espera hein!

Eles parecem entendê-la e a acompanham com o olhar, até que ela desaparece do campo de suas visões.

Veruska é professora do segmento CA, classe de alfabetização. Segundo ela, que adora lidar com os pequeninos, não há momento mais sublime, quando percebe que uma criança desponta entre os demais, pela facilidade com que entende, como aprende a soletrar e a ler. É como se fosse um estalar de dedos, algo muito maravilhoso da capacidade da mente humana é o aprendizado da leitura. Ler significa liberdade, assim ela pensa.

Para ela não há momento mais lindo do que este, de possibilitar àquela criança a começar a ler e a entender o mundo; é um instante único, mágico e divino.

Arthur fica admirado e às vezes, até um pouco

chateado, pelo empenho que sua esposa faz para levar a cabo a sua missão de alfabetizar. Ela gasta grande parte do seu salário, comprando material de apoio para que os alunos atinjam o mais rápido possível o seu propósito de ler. Ele sente-se desapontado ao assistir, um certo descaso do governo, em relação à valorização e às condições de trabalho dos professores.

Ela está muito empolgada, pois ultimamente participa de um curso de pós-graduação, voltado a um novo método de alfabetização. O seu grupo de trabalho foi indicado para apresentar o trabalho, em diversos fóruns de educação. Ela está muito feliz.

Veruska leciona na parte da manhã e ao chegar, a servente Carolina, funcionária que dorme na escola, está na portaria, auxiliando a entrada dos alunos. Um leve balançar de mãos, seguido das palavras: oi, Carolina, bom dia, é o cumprimento entre elas.

No intervalo do lanche, ela aproveita para imprimir um trabalho, que será passado para os alunos.

Enquanto liga o computador na secretaria, divaga sobre as transformações ocorridas na área de impressão. Antes se usava um mimeógrafo; as impressoras eram gigantescas, caríssimas e só as grandes corporações as possuíam.

Não se deu conta de quanto tempo passou, viajando no pensamento, a respeito da evolução das impressões e quando olhou para a tela do computador, no centro dela, em letras médias a frase:

"VOCÊ NÃO AMA SEU ESPOSO".

Sendo uma pessoa mais emotiva do que racional, se levanta de um salto e empurra a cadeira com raiva, contra a mesa do computador. O choque da cadeira contra a mesa fez com que todos os professores olhassem para o local, para ver o que ocorria.

Roselândia, sua diretora, vai até a porta, ver que ruído foi aquele. Veruska está parada, pálida e olhando para o computador. Rô, como ela é conhecida entre os docentes, a leva para sua sala.

Rô, com a doçura e a ternura que só as mulheres possuem, fala para Veruska: vem minha amiga, vamos conversar.

Lá, na sua sala, serve um copo de água com açúcar e a ajuda a se recompor, dizendo-lhe palavras de encorajamento.

Elas trocam muitas confidências, o que é muito normal entre as mulheres. Veruska sabe que o marido de Rô, sempre foi muito namorador e por isso, eles têm muitos desentendimentos. Ela relata que no dia anterior, ao se aproximar de Arthur quando ele usava o notebook, o notou muito estranho: com olhar de preocupação, pálido e um tanto gélido. Ela nunca o havia visto assim e ficou preocupada.

Pensou que pudesse ter ocorrido um grande problema na companhia, ou até a sua demissão. Que ele soubesse que está com problema de saúde gravíssimo. E talvez, quem sabe, um relacionamento extra. Tudo isso compunha o arsenal de dúvidas, a respeito da imagem que ele apresentou naquele momento, para ela.

Rô a escuta atentamente e pergunta: tá, e o que tem a ver isso, com o que aconteceu agora, na sala, com você?

Ela respira fundo e conta sobre a frase, que surgiu na tela e que sumiu, assim de repente, quando as pessoas se aproximaram dela.

Veruska, minha querida, Arthur ama você, será que você não vê, diz Rô, abraçando-a.

A diretora é hábil em comunicações e rapidamente inverte o assunto, perguntando o que ela acha sobre esse presente aqui? E amostra dentro da gaveta, três formosuras de blusinhas, que pretende comprar para a sua sobrinha.

Veruska pega as fofas blusinhas e recorda-se das roupinhas que comprava para sua filha. Um sentimento materno brota no seu coração, alegrando-o, quando ela escolhe a blusinha verde clarinha.

Rô, atenta às transformações que estão ocorrendo com a sua amiga, fica feliz e diz: também gosto dessa, é tão meiguinha.

As amigas se despedem com um abraço e Rô dizendo: Veruska, esses computadores são assim, meio malucos. Amanhã vai dar tudo certo. Dorme minha querida, amanhã é outro dia, de muita luta, com essas crianças.

Veruska agradece à amiga e volta, para pegar as crianças no recreio e encaminhá-las à sala de aula.

Ao se aproximar delas, sentiu seu coração

serenar. As crianças brincando, naquela felicidade natural que só elas possuem, a afastou dos pensamentos sombrios. Mudou sua energia, sentiu-se inundada por uma paz profunda e serena.

Passa os trabalhos de casa e as leva ao portão, para entregar aos seus responsáveis.

O trajeto da escola até a sua casa não é longo, menos de 1 Km, mas ela o faz com a cabeça tão pesada, pelos pensamentos, que ele parece ser o de uma maratona.

A frase mexeu com sua psique, com seus conflitos internos. Veruska está confusa, como se estivesse diante de uma encruzilhada, com diferentes estradas a seguir, cada qual, com seu significado, suas dúvidas.

Ela ama o seu marido, quanto a isso, não há dúvidas, ou não?

Lembra-se que já admirou muitos homens e chegou até a pensar em relacionar-se amorosamente com algum deles, mas não passou de imaginação.

Recorda-se até, de olhares comprometedores, que chegou a trocar com algum deles.

O outro aspecto da sua dúvida, relaciona-se com a sua baixa autoestima, que frente à frase, se recrudesce.

Aproximadamente 40 minutos após Veruska sair da escola é a vez de Roselândia. Na estrada de volta a sua casa, ela repassa em pensamentos, o que ocorreu com a amiga. Conhece bem a sua colega professora e nela sobressaem qualidades únicas, de bondade, dedicação e cooperação.

O foco principal do seu pensamento, reside na mensagem que surgiu no computador e no efeito provocado por ela. Dirige e pensa ou melhor, trava um monólogo mental, consigo mesma: a Veruska tem um marido tranquilo e a gente vê isso nele. Não se percebe nenhum olhar interesseiro. Ela precisa fazer uma terapia, para melhorar a sua fragilidade.

Fico pensando, se fosse eu que tivesse visto aquela frase, sabendo o marido que tenho.

Seus pensamentos fluiam nesse sentido, quando ela chega em casa.

Abre a porta do apartamento e vê que seu marido Lúcio já chegou, ao notar o seu molho de chaves, sobre a mesa.

Diligente como só elas o são na cozinha, rapidamente um lanche é preparado.

Trocam conversas banais durante a refeição. Ela vai para o computador e ele para o celular.

Antes de ligá-lo, percebe que ele já foi usado por Lúcio, pois a sua área encontra-se levemente desorganizada. Uma sensação estranha, um incômodo percorre seu corpo, no momento em que aperta o botão de inicialização. Ela não acredita, no que vê na tela. Não é possível. A sua frente a frase: "VOCÊ NÃO AMA SEU ESPOSO".

Se controla para não explodir. Sabe que se agir, do modo que está, as consequências poderão ser desastrosas.

A mensagem a leva a uma série de inquietações, como:

Por que eu não amaria meu marido? Seria

porque eu me sinto traída o tempo todo, não esquecendo-me de suas traições, não sei.

Seria porque eu não quero me separar, porque não aprovo a vida que muitas colegas minhas, passaram a ter depois da separação, também não sei.

Talvez o sexo seja um dos componentes; porque eu não sinto esse desejo tão grande de sexo, como ele.

No mesmo entendimento, ela compara os homens aos cães, na busca por sexo, despertados pelo aroma das cadelas no cio. Será que eles pensam que nós estamos o tempo todo no cio? Acredito que eles não saibam, que as cadelas ovulam no máximo três vezes por ano e que os cães aproveitam esse curto espaço de tempo e agem por instintos naturais, da preservação da espécie, sem qualquer resquício de racionalidade. Aonde ficou a razão humana do homem em termos de sexo?

Mas o que tem a ver o sexo com o amor? Ela se pergunta, tentando compreender a sua relação com o Lúcio.

Nesta auto análise, Roselândia busca reminiscências que a remetem ao primeiro ano de namoro, onde eles realmente se amaram. Depois, é que esse amor foi morrendo, pelos enfrentamentos da vida.

O que resulta dele pode ser uma parceria, que no seu caso anda fragilizada, ou cada um vivendo em um local separado do outro.

Após essas divagações, volta-se para

situações em que se envolveu, mas que não considera traição como: achar um homem lindo e sonhado ter um caso com ele, mas daí à realidade, não, nunca vivenciou.

Usar o seu poder sedutor para avaliar a sua autoestima e com isto, provocar no outro o despertar de um desejo que ela não possuía.

Tentando encontrar uma resposta à mensagem, Roselândia a interpreta no sentido inverso: será que meu marido, me ama? E as imagens de acontecimentos desagradáveis vêm como furacão, à sua mente.

Os recônditos da alma feminina são inexplicáveis. Situações vivenciadas há mais de 15 anos brotam com extrema rapidez. Os fatos desfilam, dos mais impactantes aos mais suaves. Uma sequência de imagens e situações que provocam tristeza.

Ela desliga o computador e procura aliviar a mente daqueles pensamentos, indo até a varanda fumar um cigarro.

As diferentes formas espirais da fumaça parecem produzir nela um efeito sedativo momentâneo.

Desiste do computador e vai para o seu quarto, mas antes passa por Lúcio, seu marido, e pergunta se ele quer alguma coisa da cozinha, tentando demonstrar naturalidade, apesar do vulcão interior, em que se encontrava.

Ele agradece, procurando parecer gentil, mas também uma bomba explodia em seu peito.

Lúcio, sem Roselândia o perceber, fingindo olhar o celular, a espreitava desde a hora em que ela sentou-se à frente do computador, até o momento em que foi fumar o cigarro. Ele sabia que algo estranho estava acontecendo com ela. A forma como encarou a tela, a mão coçando a cabeça, os trejeitos de nervosismo que ele já conhece, indicavam que ela estava muito ansiosa, apesar de tentar demonstrar o contrário, ao passar por ele, quando se dirigiu ao quarto.

Ele por sua vez, a aparência externa calma, contrastava com o mar de pensamentos, com ondas revoltas, que banhava a sua mente.

Será que ela descobriu alguma coisa minha? Ou será que recebeu, uma notícia ruim sobre os últimos exames que estava fazendo? Ou quem sabe, ela ainda é bonita e charmosa e está com algum caso?

Lúcio abandona o celular e se dirige ao computador. Vai tentar vasculhar os caminhos que Roselândia passou, para descobrir pistas das suas inquietações, que talvez possam refletir nele.

Ele com suas características de Eros, deus do amor, tem, lá no fundo de seu escudo de namorador, ciúmes de sua esposa. Daí a sua insegurança exposta, ao agir como um cão farejador, logo após ela usar o computador. Verdadeiramente, por trás da máscara da persona que criou para se identificar na sociedade, Lúcio age como um marido inseguro.

O característico som da inicialização é ouvido e os ícones dos programas utilizados são exibidos.

Ao apertar a tecla do mouse, para abrir um determinado programa, o que ele vê a sua frente, é a frase: "VOCÊ NÃO AMA SUA ESPOSA"

No momento, seus instintos de faro estavam aguçados. O homem animal começa a emergir do subconsciente e com ele a sua irracionalidade. Pensamentos estranhos e imagens de Roselândia desfilam em sua imaginação.

Há muito tempo não a via naquele estado. Estaria ela, de caso com aquele diretor da CRE, Coordenadoria Regional de Educação, que ultimamente tem ligado com certa frequência?

E também aquela sua estranha amizade, com a sua subdiretora? É muito abraço, daqui, dali e ela no telefone o tempo todo, pensa.

Muitas dúvidas em relação ao comportamento de Rô flutuam em sua cabeça, mas subitamente seus pensamentos voltam-se contra si mesmo, serenando a besta que se formava em seu interior. Os pensamentos fluem: será que ela descobriu alguma coisa, do meu relacionamento com a Alice? Ou quem sabe, daquelas minhas saídas ocasionais com a Sandra?

Suas reflexões sobre a frase que leu, tem o poder de uma sentença judicial. O que fazer? Se indaga.

E em seu interior se estabelece um dos inúmeros conflitos humanos, o da consciência. O duelo de conjecturas é intenso; a luta do desejo proibido que alimenta a humanidade, se faz presente em sua mais nítida definição: a traição.

"Vi uma besta que saía do mar. Tinha dez chifres e sete cabeças, com dez coroas, uma sobre cada chifre, e em cada cabeça um nome de blasfêmia."

Apocalipse 13:1

A CONTAMINAÇÃO

Capítulo III

Pavor na Educação

Na manhã do dia seguinte, ao do acontecimento com a professora Veruska, é noticiado que a mensagem apareceu novamente, no mesmo computador. Desta vez, infelizmente, perante uma docente que se encontra em tratamento médico psiquiátrico, cuidando de algumas síndromes, que afetam profundamente as suas relações.

Segundo alguns docentes relataram, ela foi tomada por um convulsivo choro e uma síndrome de pânico. Foi necessário entrar em contato com o seu marido, para vir buscá-la.

À tarde, mais duas mestres que acessaram o computador, também apresentaram comportamentos estranhos, após a leitura da desafiadora comunicação.

No quarto dia, após a sua primeira aparição, todos que acessaram o computador, enfrentaram a terrível ameaça representada pela frase. E as consequências surgiram: ausência de professores, informações desencontradas sobre separações e registros policiais, incluindo tentativa de assassinato são veiculados nas mídias.

A diretora de dia e o diretor da noite, comunicam ao departamento de informática da CRE -Coordenadoria Regional de Educação-, o que está ocorrendo.

Um dos técnicos mais experientes é enviado à escola, assim que a solicitação é feita, dada à gravidade do problema comunicado.

Rô, a diretora durante o dia, muito abalada, pois vive um terremoto com seu marido, explica ao técnico que todas as professoras e professores que acessaram o computador, viram a mensagem.
Que os dizeres nela contidos estão destruindo vidas, casamentos e relacionamentos. E a escola está trabalhando com quase 50% do seu corpo efetivo. As mães dos alunos, nas portas das escolas, tendo que levar os filhos de volta para casa, pois não há professores para eles.

Ele a escuta e percebe que Rô se encontra muito afetada. Suas mãos tremem, além de apresentar um certo cacoete, de coçar a cabeça repetidas vezes.

Durante o tempo em que ele permaneceu à frente do computador, em nenhum momento a mensagem surgiu, fato constatado pela Rô, que ficou ao seu lado, apreensiva olhando a tela.

Após exaustivos testes no computador, com a passagem de vários programas de proteção, reinstalação de novos e outras medidas, o técnico garante que o computador está "zero", isto é, livre de qualquer vírus, como se tivesse saído da embalagem.

Ele acha prudente e necessário, aproveitar sua presença e checar todos os computadores da escola, apesar de que, aparentemente, só no da informática, a frase tenha surgido.

Nada encontrou neles, mas mesmo assim, por precaução, instalou mais dois novos programas de proteção.

O técnico se despede e a diretora reúne o corpo docente, para informar que todos os computadores da escola foram desinfetados e que ela acompanhou todo o processo, sem ocorrer qualquer problema.

No trajeto da escola para o estacionamento, o celular do técnico toca. Ele atende e do outro lado da linha, o diretor de informática da CRE, pede que ele vá, urgente, a outra escola, perto dali. Que lá, procure acalmar as professoras, que se encontram à beira de um ataque de nervos, pelo mesmo motivo: a tal mensagem. E acrescenta que a diretora foi uma das primeiras a ver a mensagem e se encontra de licença médica, após registro policial ocorrido, de tentativa de homicídio de seu marido.

Ele chega à escola. Todos os mestres estão ali reunidos, no salão que abriga a direção. Eles apresentam fisionomias cansadas, que expressam apreensão e temor.

Se apresenta à subdiretora, que sentada entre as demais professoras, expõe o que ocorre na sua escola, incluindo o caso da diretora e de mais três docentes que se encontram afastadas. Das consequências advindas com a liberação dos alunos e o protesto das mães, em não saber o que fazer com as crianças, pois precisam trabalhar.

Ele ouve os mesmos relatos e depoimentos, da escola anterior, com uma única exceção, a de que a mensagem apareceu, em todos os computadores da secretaria, não só no da informática.

Como não viu a frase na escola anterior, solicita que liguem os computadores, na esperança de vê-la.

Os presentes se olham aflitos, buscando encontrar entre eles, alguém com coragem para ligá-los. Ninguém quer se deparar com a frase, com medo do que possa ocorrer consigo. Estão rodeados de colegas afetados pela mensagem e das consequências que ela produz.

Entre os professores, em momentos de descontração, dizem que a frase é como uma sentença de um juiz, que pode desencadear três hipóteses: separações, agressões e mortes.

A subdiretora levanta-se e corajosamente, um de cada vez, todos os computadores são ligados.

Os docentes parecem traumatizados e desviam o olhar das telas expostas. Vivem um momento dramático.

Ela caminha com o técnico, por entre os computadores ligados, tentando encontrar a mortífera frase ou sentença. Nada, ela não é visualizada em nenhum deles.

Enquanto transita entre eles, a subdiretora exalta as professoras, a olhar para as telas, pois não há nenhuma ameaça nelas.

Com certa relutância, lentamente, algumas docentes vencem o pavor e enfrentam o desafio.

O som alegre das palavras daqueles que ultrapassaram o medo, incentiva quase todos os demais a olhar para o inimigo, representado por aqueles dizeres da mensagem.

Os monitores não exibem nada, além dos ícones normais de atuação. O corpo docente se vira para o técnico, perguntando o porquê da frase não ter aparecido.

Ele responde que não sabe. Que nunca viu algo desse tipo ocorrer, em toda a sua experiência profissional, mas que deve ser um tipo de vírus novo. Ele irá passar programas antivírus, além de instalar dois novos programas de segurança. Executa os mesmos procedimentos da escola anterior.

Ao se despedir de todos, percebeu que sua presença foi importante. O semblante dos professores parece ter ficado mais leve, os olhos mais brilhantes e uma indescritível sensação de paz passou a reinar naquele ambiente. Seu coração se alegrou.

Já era próximo ao final do expediente, retornando para dar um feedback, do que ocorreu nas escolas, quando seu telefone toca. Em um piscar de olhos, vê que é o diretor. Prudente, sobe uma calçada, desliga o carro e retorna à ligação. Do outro lado da linha, o diretor de informática, audivelmente nervoso, pede que ele retorne urgente à sessão, pois ele convocou uma reunião de emergência, com todos os funcionários da informática. Algo muito grave, fora de controle, estava ocorrendo.

Os funcionários, à medida que chegavam, eram direcionados para a sala de reunião.

O diretor vira-se para a secretária e pergunta: falta mais alguém, alguém avisou que está a caminho? Ela responde: não, todos estão aqui, com exceção de duas pessoas em licença médica e uma no exterior.

O diretor inicia a reunião. Com seu modo objetivo e claro, vai direto ao ponto da questão quando diz: estamos lidando com algo muito estranho e assustador. Tentarei fazer um resumo das informações que possuo.

As perguntas que vocês desejarem fazer, serão respondidas ao final, para que eu consiga passar todas as informações que possuo.

Depois de todas as discussões traçaremos um plano de ação, com metas claras, para debelar este problema. A nossa divisão é a "bola da vez". Os holofotes estão para nós dirigidos. Relata que quase todas as escolas subordinadas a sua CRE, foram infectadas por uma mensagem, que desestabiliza os professores.

Que a mensagem ou frase que aparece tem provocado licenças médicas, separações, tentativas de homicídio e registro de uma morte, infelizmente.

Os professores alegam que os dizeres da mensagem são como uma sentença judicial. Estão apavoradíssimos.

Que os técnicos enviados às escolas, não

conseguem ver a frase. Nenhum tipo de vírus, nada é encontrado nos computadores. Basta os técnicos sair da escola e a ameaça retorna, para desespero dos professores.

A quantidade de técnicos não é suficiente para cobrir esse número de solicitações simultâneas.

Nesse instante, o diretor para, olha para o grupo a sua frente, toma uma profunda respiração, como se fosse buscar oxigênio, para revelar algo mais impactante. Reinicia dizendo: esta mensagem não se alastrou somente na nossa regional, mas em todas as sete do Estado. Que todas do país estão infectadas.

E tem mais, as informações que disponho é a de que quase toda a educação infantil, algo em torno de 3 milhões de alunos, encontram-se em casa, pois mais de 60.000 creches foram fechadas, pelo aparecimento da mensagem ou vírus invisível.

A plateia ouve em silêncio, estarrecida, com os olhos e os ouvidos no diretor, no que ele acaba de dizer.

O ranger de cadeiras no piso, o cruzar e descruzar das pernas, o passar a mão no queixo e de mover o corpo, demonstram o nível de tensão dos participantes.

A elevação do estresse entre os presentes ocorre com a informação passada pelo diretor, que ele não tem certeza, mas é quase certo, que as escolas particulares já estejam também infectadas. As docentes que têm filhos em escolas particulares se entreolham, pensando o que fazer com com seus filhos.

O diretor de informática traz como última notícia, informações que relacionam a mensagem ou o vírus, a separações, brigas, tentativas de morte e morte de educadores e parceiros.

Durante a sessão de perguntas, foram colhidas informações da visita de todos os técnicos às escolas. O problema relatado por eles, é o mesmo: de que a mensagem não foi vista por nenhum deles, mas todos os professores relatam a sua existência. Que nenhum vírus foi detectado nos computadores analisados.

Os técnicos relataram que foram executados os procedimentos básicos de manutenção, quando da ocorrência de um vírus. A identificação do arquivo infectado e a sua remoção, mas infelizmente o vírus havia contaminado todo o sistema e a única forma viável de livrar-se dele, seria o da formatação do computador, o que se mostrou inaplicável.

Um outro grupo de técnicos diz que não consegue entender como um vírus escrito por um computador quântico (esta era a ideia mais amplamente colocada, para aquele tipo de vírus) pudesse rodar, em um computador com linguagem binária.

O diretor encerra a reunião com seus técnicos pedindo muita paciência, esforço e dedicação neste momento tão delicado enfrentado pelo país .

Ainda durante a saída dos técnicos, a secretária do diretor o avisa, que o assessor do ministro da educação deseja lhe falar e está no telefone.

Dias após o aparecimento da mensagem nas escolas, um site investigativo dispara informações, de que o "vírus do amor", encontrado na área educacional é pior do que o vírus da recente pandemia mundial. De amor, ele não tem nada, muito pelo contrário, por onde passa promove uma verdadeira destruição nos relacionamentos, parcerias e casamentos. O aumento expressivo no número de agressões físicas, tentativas de homicídio e até feminicídio é atribuído a pessoas ligadas à área de educação e seus parceiros.

Outra informação disponibilizada pelo site, foi a de que, parece que o vírus é inteligente, pois nenhum técnico conseguiu vê-lo, além de que, ele altera a mensagem de acordo com o sexo da pessoa, que vê a frase.

As redes sociais, as TVs e noticiários convidam especialistas da área de psicanálise, psiquiatria, psicologia, criminologia e afins, para debaterem o problema do "vírus do amor", denominação que começa a ser difundida na imprensa.

Toda a rede de ensino da educação infantil, quase na sua totalidade, de mais de 70 mil creches estão fechadas; as mães não sabem o que fazer; precisam ir trabalhar, mas deixar os filhos com quem? Uma situação desesperadora tem início no país.

O vírus possui extrema facilidade de contaminação e emigra do ensino fundamental para o médio, em uma velocidade vertiginosa.

Todos os computadores da área educacional destes segmentos foram infectados. Estranhamente, sem qualquer explicação plausível, os níveis superior e de pós-graduação funcionam sem vírus e sem problemas.

Esquisito, porque alguns dos professores que lá trabalham, o fazem também no ensino fundamental e no médio. Esses docentes utilizam seus pen drives nos locais em que estão exercendo suas atividades. Por que o vírus não infectou todos os computadores, por onde passou?

Essa é a pergunta que a maioria dos canais replicam, sobre a não proliferação do vírus no ensino superior.

O fechamento de escolas da área municipal é o primeiro a ocorrer, visto que, parece ter sido lá o início de tudo. As primeiras a liberar os alunos, foram as que apresentaram maior número de problemas relacionados ao vírus, como separações de casais, licenças médicas por psiquiatria e registros policiais.

O governo desenvolve uma força-tarefa de enfrentamento ao vírus. Linhas de ação são criadas. Os desenvolvedores de software são convidados, os hackers do bem, os 'phds' da computação, os autodidatas e todos aqueles que possuírem notório conhecimento na área.

Um programa de autoproteção, um antivírus, é gerado pelas cabeças pensantes.

São escolhidas 10 escolas para efetuar o teste. O software de proteção é instalado nos computadores e os professores são solicitados a retornar às escolas.

Os diretores das respectivas unidades encontram dificuldades, para que os docentes retornem à sala. Eles temiam o vírus, ou melhor, a frase ou a sentença por ela produzida, que já provocou tantas dores. Mas, ao final cederam, pois eles próprios estavam sofrendo com as escolas fechadas.

Os mestres testaram os computadores, sem constatar a ocorrência de quaisquer vírus ou mensagem suspeita. Isto elevou a confiança dos demais docentes para retornarem às escolas.

Diferentemente dos professores que retornavam à escola, os responsáveis pelos alunos não sabiam o que fazer com eles, em casa. Avisados de que algumas escolas voltariam a funcionar, rapidamente se prepararam para esse breve retorno.

Após dois dias de testes e nenhuma ocorrência do vírus, as escolas voltaram a receber professores e alunos.

O plano adotado, por ter funcionado perfeitamente, foi expandido para todas as demais escolas.

A maior rejeição dos professores ao retorno às aulas, se deu no ensino médio. Justamente nele, foi onde ocorreu o maior número de registros de agressões, separações e mortes de pessoas, ligadas ao segmento, direta ou indiretamente. Todos temiam que acontecesse com eles, o que os noticiários transmitiam.

Assim, houve uma mobilização geral,

buscando levar os docentes às escolas. Foram criados programas online, com psicólogos e psiquiatras, para atendimento aos professores.

Grupos de psicólogos passaram a visitar as escolas que registrassem maior ausência de docentes.

Foi garantido um incentivo monetário aos professores que retornassem à classe.

As medidas surtiram efeito e todo o nível médio educacional, praticamente retornou à normalidade.

Em função do sucesso obtido do grupo da força-tarefa, em eliminar o vírus, ele passou a ser a referência consultada para todo e qualquer tipo de vírus que aparecesse.

Toda a imprensa tinha interesse em convidá-los, de olho na elevação de seu índice de audiência e também, como forma de demonstrar o seu envolvimento e preocupação, com um setor tão importante quanto a educação para o país. Aos mestres, foi solicitado pelos diretores que agissem com prudência e cautela, escaneando os pen drives quanto à existência de vírus, para evitar problemas de contaminação.

O governo, através de seus órgãos de imprensa e comunicação, massifica reportagens sobre a erradicação do vírus e pela volta dos professores.

De olho na devastação que ele causou nos demais setores educacionais, prudentemente as instituições de nível superior e de pós-graduação solicitaram ao grupo, cópia dos softwares para serem utilizados em seus computadores. Não estavam dispostos a sofrer as mesmas consequências dos outros segmentos, com suas dependências fechadas.

Quase todas as escolas da educação básica e do nível médio já haviam retornado ao curso normal de suas atividades, quando algo muito pior acontece: a mensagem "VOCÊ NÃO AMA SUA ESPOSA" ou "VOCÊ NÃO AMA SEU ESPOSO" ressurge com um agravante. Ela passa a interferir com os comandos inseridos no computador.

Qualquer programa pode ser aberto, mas a frase aparece aleatoriamente e trava a tela, por períodos incertos de tempo, impossibilitando o trabalho e levando terror aos mestres, pela desestabilização emocional por ela produzida.

Desespero total; tudo de novo acontecendo. Uma reinfecção mais poderosa se abate sobre a educação, é o comentário ouvido.

As mídias e os canais de televisão impulsionam a notícia, que passa a ser reverberada, quase em edições horárias: o "vírus do amor" sofreu mutações. Agora parece possuir maior inteligência, pois brinca com os docentes, permitindo que eles abram os seus programas. Durante o uso, inesperadamente e aleatoriamente, aparece a frase que para alguns é uma sentença prolatada por um juiz. O computador trava e não permite que nenhum comando seja executado. Não há como manter os professores nas escolas.

O governo age rápido e convoca, de volta, o

mesmo grupo que havia criado o antivírus, que estava funcionando, até então. Todas as ações anteriores de assistência aos docentes foram implementadas, incluindo agora neurologistas, nutricionistas e endocrinologistas. Foi observado nos professores uma compulsão por comida, talvez como forma de aliviar as suas questões de foro íntimo.

O cenário escolar é desolador, com escolas fechadas, crianças e adolescentes em casa, mães e pais impossibilitados de ir trabalhar. Conflitos familiares surgem, pelo contato e maior permanência entre eles.

A televisão e os rádios divulgam a entrevista da tentativa de feminicídio, sofrida por uma servente, moradora de uma escola municipal, pelo seu companheiro.

Segundo relatos da vítima que se encontra sob proteção policial, se restabelecendo do tiro sofrido, seu companheiro é muito violento.

Que ela estava no computador quando surgiu a mensagem. Que seu marido ao vê-la olhando a frase, perguntou: o que você olha tanto aí nesse computador, é algum macho? E deu-lhe um soco, que passou perto da sua cabeça. Entraram em luta corporal e ela livrou-se dele, batendo em sua cabeça com uma fruteira. Ela corre, com ele atrás, com um revólver na mão. Três tiros são disparados e um atinge o seu antebraço. Os vizinhos chamam a polícia e ele foge.

Os registros policiais, as separações e mortes, o fechamento de empresas ressurgem de forma crescente.

Perante uma sociedade incrédula, é atribuído a uma mídia marrom, a informação de que o "vírus do amor", agora completou seu ciclo de infecção. Ele atingiu o ensino superior e a pós-graduação.

A princípio, as agências do governo tentaram desacreditar a notícia, atribuindo-a a opositores, mas durou pouco tempo, pois as próprias instituições acadêmicas vieram a público, divulgar a contaminação.

E ela foi mais contundente do que em todos os demais segmentos. Os registros de separações e violência registrados são superiores aos atuais, apesar do número reduzido de instituições de ensino superior, quando comparados com a educação fundamental e média.

Alguns analistas sugerem para explicar o ocorrido, é que alunos desses segmentos, em sua grande maioria, possuem relações de união ou de convivência, com parceiras ou parceiros. Isto justificaria o número de agressões e violência ser maior do que o registrado no ensino básico.

Canais populares de TV divulgam fatos policiais relacionados a pessoas ligadas ao segmento superior, como: a relação extraconjugal de um motorista da família, com a esposa de um professor universitário. As investigações concluíram que o professor contratou um marginal, para executar ambos, mas que o motorista, apesar dos ferimentos mortais, ajudou a elucidar o crime.

Foi relatado também o caso da esposa que

descobriu que seu marido mantinha um relacionamento íntimo com um de seus alunos, por mais de 4 anos; ela separou-se dele.

O caso mais emblemático foi o de um professor universitário, que mantinha três relações simultâneas: uma com sua esposa, outra com a amante e a terceira, com o parceiro, que ele optou por ficar.

E assim seguia o vírus, difundindo sua frase mortal, implícita em uma sentença de cinco palavras, responsável por abalar um ser complexo como o humano, mas com suas singularidades. Nada detinha o seu objetivo de destruição.

A escalada de violência é gritante! A imprensa replica que o "vírus do amor" está paralisando o país. Com as escolas fechadas, os responsáveis não podem trabalhar. E daí, advém uma série de consequências, pela falta desses profissionais em seus locais de trabalho.

O cenário é caótico! Os serviços básicos, quase invisíveis pela população, -quando funcionam-, deixam de ser executados.

As ruas ficam cheias de lixo, assim como os condomínios. Moscas, baratas, ratos e uma infinidade de outras pragas proliferam. População doente e hospitais cheios. E sem atendimento, pela ausência de profissionais!

O comércio está quase parado e o sistema de delivery funciona precariamente.

A logística da cadeia de alimentação é quebrada. Os grandes distribuidores não conseguem alimentar os mercados. Prateleiras vazias, preços nas alturas, inflação crescente e uma escalada de violência assustadora.

O "vírus do amor", reintitulado pela imprensa, como o "vírus devastador do amor", segue resoluto em destruir. Nada o detém!

Capítulo IV

Crise na Energia

Duas semanas após a sua aparição no computador do diretor Arthur, o vírus se espalhou de forma assustadora, em toda a cadeia produtiva da empresa, incluindo produção, distribuição e venda. Todos os setores foram infectados. O antivírus utilizado no sistema educacional e no gás não funcionou. Nenhuma medida adotada, incluindo os especialistas que haviam trabalhado na educação, obteve êxito no combate ao vírus. Toda a expertise em segurança computacional foi convocada, para encontrar e eliminar a ameaça presente.

Todos os esforços foram em vão. Os especialistas alegam que o vírus parece não existir; é como se fosse algo transparente, para os sistemas de controle. Nada é encontrado, nem um pequeno registro, uma sombra sequer de sua presença nos locais em que deveria ter passado.

Os especialistas não entendem porque um vírus criado por um computador quântico (essa é a versão mais aceita, para justificar a invisibilidade do vírus), que utiliza uma linguagem de sobreposição e sequencial, possa rodar em um sistema binário sequencial.

E levantam hipóteses a respeito

do comportamento do vírus, tornar-se invisível perante os antivírus. Estaria ele subordinado a uma inteligência senciente?

Se for assim, a tecnologia superou o homem. Será a destruição da humanidade.

Apesar dos esforços para sua eliminação, o vírus segue imbatível. Sua velocidade de propagação é extrema. Todo o segmento gás, praticamente, está infectado.

As plataformas digitais do Google, Facebook, Twitter, Instagram e outras, passam a divulgar quase que simultaneamente, informações de que o vírus parece brincar, pois somente os segmentos de gases foram infectados, não se estendendo à área de energia, assim como aconteceu na educação, que no seu início, não contaminou o ensino superior e a pós-graduação.

Há um temor, sinalizado pelos especialistas, de que o vírus se propague à área de energia, pois o segmento gás é um dos elos da grande cadeia energética do país.

Uma semana após Arthur ter visto a frase no seu computador, recebe uma ligação, não de WhatsApp, de Rômulo, seu amigo de faculdade.

Ele sabia e acreditava que seu amigo, também assim pensasse, que só utilizariam o telefone, se o assunto fosse grave.

Logo, quando viu no display o número dele,

rapidamente o atendeu.

Arthur, eu preciso falar contigo, vamos almoçar juntos. Estou com problema. Disse Rômulo.

Sim, aonde você quer ir? Ele responde: lá no Anatnas, às 13 horas.

Arthur confirma o encontro e se despedem. Ao desligar o faz com preocupação. Conhece muito bem Rômulo, amizade de mais de 20 anos.

Sentiu no timbre e entonação da voz dele, que algo muito sério havia ocorrido. O que seria? Pensou.

Guardou o telefone e tentou voltar à realidade do trabalho, mas seus pensamentos giravam sobre Rômulo.

Carmélia chegou nesse momento, trazendo notícias da possibilidade de expansão de vendas, para uma nova empresa industrial, que estava sendo implantada na cidade. A informação ouvida, deslocou a sua preocupação para uma outra zona de seu cérebro.

No caminho para o encontro com seu amigo, o pensamento viaja. Rômulo trabalha na maior empresa de energia do país, como diretor de produção. É casado com a bela Tânia, que lhe deu dois lindos filhos. Qual seria o seu grande problema, para fazê-lo solicitar este almoço de urgência? É a dúvida existente no seu pensar.

Ao chegar ao Anatnas, vê Rômulo que o acena, já tomando um drink.

Se cumprimentam, se abraçam e sentam. Vão direto ao assunto.

Cara, não sei como começar: tá foda! Diz

Rômulo, olhando para o amigo com a taça de chopp à mão.

Tranquiliza, tudo tem um jeito, menos a morte. Essa, quando chega, não tem apelação. Responde Arthur.

Rômulo conta que está pensando em contratar um detetive, para seguir a Tânia, pois ela tem apresentado atitudes estranhas, depois que ele, sem ela o perceber, observou o seu modo nervoso frente ao monitor do computador. Que ela não é mais aquela alegria de outrora.

Que o seu casamento, infelizmente, parece chegar ao fim.

Arthur o ouve atentamente. Em seguida, colhendo respostas e alinhando pensamentos, vai conduzindo o amigo, à origem do problema.

Seu coração acelera, adrenalina à velocidade da luz, quando percebe que Rômulo vive o mesmo drama que ele: o da mensagem "VOCÊ NÃO AMA SUA ESPOSA".

Nesse instante de luz sobre a questão, Arthur olha para ele e diz: estamos fudidos, com o mesmo problema, eu e você. Tá difícil pra caralho, pra mim também!

E relata todo o acontecido, desde quando surgiu a mensagem na tela do seu computador.

Fala das suas dúvidas com relação ao comportamento da Veruska. Dela o estar traindo. Da sua inquietação sobre a possibilidade dela ter descoberto o seu caso, com a gerente de relações humanas Patrícia. Que sua cabeça está explodindo.

Comenta também que seus computadores, de casa e do trabalho, foram inspecionados e nenhum deles apresentou qualquer tipo de vírus.

E no final de sua fala, acrescenta que para complementar a sua preocupação, ainda surge um código que vai se desvanecendo a sua frente. Que algo muito estranho se passou com ele quando viu o código. Parecia flutuar.

Após ouvir Arthur, Rômulo o encarando, diz: Será que estamos sendo vítimas de chantagens?

Será que nossas consciências culposas, não estão nos levando a essa dúvida de fidelidade, com relação as nossas esposas?

Arthur pensativo, responde: você levantou questões pertinentes e que devem ser analisadas, mas não descarto, que tudo isso possa ser fruto de nossa cabeça.

Por fim, em um ato de descontração, comum entre amigos, Rômulo vira-se para o Arthur e diz: porra Arthur, você ainda continua sendo visitado pelo além?

Arthur ergue os olhos em direção aos dele, dá um sorriso e diz: isso vem com a gente! Eu não pedi, faz parte do humano. Do planeta.

A troca de confidências entre os amigos, os deixou mais leves e foi coroada pela deliciosa torta de nozes, servida como sobremesa.

Se abraçam, se despedem e seguem, mais preparados para os desafios do viver, de volta às suas companhias.

Ao retornar à empresa, Rômulo é avisado pela

secretária de que o Dr. Roberto, seu gerente, pede que ele vá urgentemente a sua sala, quando chegar.

Ouve a informação e pensa: o que será que o Roberto quer falar comigo, com urgência. Muito estranho ele não vir aqui. Algo muito esquisito está ocorrendo.

Para lá se dirige. Enquanto caminha, pelo vidro da sala, nota que o gerente já o observa, aparentando uma certa intranquilidade, exposta no seu olhar, na sua fisionomia.

Roberto inicia dizendo: não sei o que está acontecendo comigo. No computador da minha casa e no daqui, aparece a mesma frase que tem me incomodado.

À medida que o amigo discorria sobre o problema, Rômulo ia sendo tomado de um certo pavor, pois o que ele estava ouvindo, era uma cópia idêntica do que havia lhe acontecido e ao seu amigo Arthur.

Neste ponto da fala, interrompe o amigo pedindo para ver a mensagem.

Roberto explica que ela hoje já apareceu muitas vezes, mas que desaparece, quando alguém se aproxima da tela, não permitindo que outros a vejam, a não ser ele.

Rômulo vira-se para ele e diz: eu sei a frase que aparece para você, e a pronuncia.

Roberto, cético, olha para ele e pergunta: como você sabe, se ela some, quando alguém se aproxima?

Ele explica que o mesmo aconteceu com ele,

o aparecimento dela nos computadores de casa e do trabalho. Que não gostaria que sua esposa a visse, mas tinha dúvidas, se ela poderia aparecer, a sua frente, quando ela ligasse o computador.

Pediu para o Roberto manter segredo sobre a conversa que tiveram, pois iria conversar com o Diretor de TI.

Ao chegar a sua sala, Rômulo pede à secretária que ligue para todos os gerentes de seu departamento e quando eles estiverem disponíveis, que ela passe o telefone.

Ele é hábil e inteligente para administrar uma situação como esta, onde um pequeno deslize pode provocar um dano irreversível.

Se a frase apareceu em outros computadores, ele irá descobrir com a pergunta que pretende fazer aos seus subordinados.

A ideia é dizer que tem acompanhado notícias, do aparecimento de vírus com frases desestabilizadoras, em grandes empresas. Que as mensagens somem quando alguém se aproxima da tela.

Conversa com quase todos os gerentes, que aos poucos vão relatando suas histórias. Todo o seu departamento está infectado com a frase, conclui ao final das ligações. Pede para que seus gerentes continuem mantendo sigilo sobre a mensagem, que ele vai resolver a situação. Sigilo absoluto, porque esse tipo de informação pode quebrar a companhia. Dará um feedback, sobre o assunto em breve.

Em seguida, liga para o Diretor de TI, Jonas,

solicitando uma reunião de urgência.

No encontro, fala da frase, desde o aparecimento dela nos seus computadores, de casa e no trabalho. Comenta do almoço que teve com seu amigo Arthur, do outro segmento de gás, relacionado a gases industriais e de processos.

Alerta como a mensagem pode mexer no psiquismo humano, trazendo consequências enormes para os casais, a família, a empresa e o país.

O Diretor de TI ainda não havia obtido nenhuma informação, como a relatada, de nenhum dos seus técnicos.

O que ele tinha conhecimento era sobre alguns sites, que informavam sobre a existência de um vírus, que havia atacado o sistema educacional, mas que ele não levou muito a sério, pensando se tratar de hackers, com o interesse de apenas, desestabilizar o setor educacional.

Olhando preocupado para Rômulo, coça a barbicha que já foi escura, agora quase totalmente branca. Esfrega e aperta o queixo quando diz: isto é muito grave!

Ele explica para Rômulo que pretende criar um comitê discreto, para avaliar a disseminação da frase ou do vírus, nos computadores da empresa.

Mas primeiro de tudo, enviará técnicos para que inspecionem todos os computadores do seu departamento. Solicita sigilo máximo sobre o que está ocorrendo, ninguém pode saber nada. E se alguém comentar alguma coisa, escute tudo, mas ao final, com suave ironia, desloque o motivo da conversa, para conspirações sobre a nova ordem mundial, terraplanismo e afins. Tudo para desfocar a gravidade do problema.

Poucos minutos após essa conversa, um grupo de técnicos, devidamente esclarecidos sobre a discrição que deveriam empregar nesses procedimentos, foi deslocado para cobrir todos os computadores das diretorias.

O procedimento de checagem deveria ser entendido, como uma operação de rotina, para instalação de um novo sistema de proteção nos computadores.

E um outro grupo maior de técnicos, dirigiu-se para a gerências, do diretor Rômulo, também todos devidamente informados sobre a discrição do procedimento e que foram para as gerências, em uma operação de rotina para instalação de novo sistema de proteção.

Ao final do dia, o Diretor de TI foi informado por assessores que nenhum computador da empresa apresentou qualquer vírus, diferente dos conhecidos spyware, autorun e cavalo de tróia. Jonas liga para Rômulo, conta-lhe sobre o resultado da análise dos computadores e o convida, para juntos irem à presidência. A situação é grave e crítica! Jonas liga diretamente para o Presidente da empresa de energia, que solicita que eles compareçam imediatamente a sua sala.

Jonas explica sobre o aparecimento da mensagem ou do vírus nos computadores de toda a sua diretoria e que ela desaparece quando alguém se aproxima da tela. É como se fosse algo pessoal, a mensagem é dirigida àquele que ela deseja atingir. Comenta que após análise rigorosa de seus técnicos, em nenhum computador foi encontrado sequer resquícios de invasão, muito menos de vírus,

O Presidente pergunta se há algo mais a acrescentar a sua fala. Ele diz que não.

Faz um gesto indicativo, sinalizando que Rômulo inicie a sua explanação. Ele conta que viu a frase no seu computador de casa, que muito o desestabilizou, para em seguida vê-la no seu computador aqui na empresa.

Complementa sua fala com a informação de que um diretor amigo seu, também da área de energia, mas atuante no segmento de gases especiais e de processos, também viu a mesma mensagem. Ela primeiro apareceu em sua casa e em seguida na empresa. Da mesma forma como aconteceu com ele próprio, em casa e aqui na companhia.

O Presidente ouve pensativo, tentando encontrar um link entre outras situações vivenciadas por ele em outras empresas, com o que ouviu até agora dos seus dois diretores.

Ao perceber que Rômulo havia terminado sua explicação, dispara uma série de perguntas: Rômulo, quando você viu a mensagem no computador da sua casa? E aqui na empresa, qual o lapso de tempo entre os eventos? Entre os seus gerentes, você conseguiu identificar, quando ela começou? Como você avalia o estado emocional deles, ao tomarem contato com a frase?

Rômulo responde na ordem feita, as dúvidas do Presidente.

Na minha casa eu vi a mensagem, no máximo, há oito dias; aqui, no dia seguinte ao de casa, isto é, no nono dia.

Entre os meus gerentes obtive a informação de que ela apareceu, aproximadamente, há 8 dias.

Percebo que meus gerentes, como eu, somos humanos e portanto, falíveis. E que a culpa que carregamos se reflete na mensagem, trazendo muita angústia e sofrimento para as famílias a qual pertencemos. Percebo e sinto em suas fisionomias um imenso sofrer interno, refletido em seus olhos, como deve ser o meu neste momento.

O Presidente se emociona com o que ouve, mas habilmente disfarça e os presentes não percebem o discreto lacrimejar de seus olhos.

Ele encerra a reunião, pedindo sigilo sobre o assunto e que amanhã, fará uma reunião com todos os diretores, para juntos decidirem o que irão fazer.

Quando eles saem da sala, tomado por um impulso inexplicável, ele pede para ver os computadores deles.

Antes de ligá-lo, Rômulo pede ao Presidente que fique em posição oposta à tela do mesmo. Aperta a tecla e a frase ou sentença surge. Sabedor que ela irá desaparecer, assim que alguém surgir, imita instintivamente o ato de Arthur, de tentar fotografar a mensagem.

ZAP, tira a foto. Acena para o Presidente para

que se aproxime. Aos primeiros passos dele a mensagem some e o presidente não consegue vê-la.

Rômulo exibe a foto, em branco, tirada da tela, Não há nada nela, a não ser a imagem de um monitor ligado, em branco.

O Presidente desiste de ir até a sala de Jonas. O exemplo visto, basta para ele.

Retornando a sua sala, vira-se para a secretária e pede que ligue para todos os Presidentes das filiais da companhia, por ordem de faturamento das mesmas.

Sua ideia é saber se a mensagem com a frase já foi detectada fora da matriz.

Pede também que a secretária ligue para o diretor geral do maior produtor de gases industriais.

A última solicitação à secretária é para descobrir, entre os planos de saúde, aquele que possui o melhor quadro de psicólogos e psiquiatras.

Do seu celular liga para vários contatos, incluindo um do governo, que trabalha junto ao Presidente.

No dia seguinte, por uma reunião convocada de emergência, às dez horas da manhã, tem diante de si todos os diretores da companhia. Ela ocorre na maior sala de reuniões da empresa.

Todos estão dispostos ao redor de uma mesa oval, tendo ao centro o Presidente.

Todos os celulares foram deixados na porta de entrada, em uma cesta, devidamente identificados.

O Presidente, apresentando um certo cansaço em suas feições, sério, inicia a reunião, dizendo:

O que for dito aqui, não deve sair de dentro dessas quatro paredes. A sobrevivência da nossa empresa corre sérios riscos.

Estamos lidando com algo desconhecido. Um inimigo invisível, que devasta famílias, a sociedade e o país.

Todas as nossas filiais apresentam a sua presença.

Estou falando da mensagem que aparece nos computadores, só visível para determinadas pessoas. Parece que ela é inteligente. Surge para quem julga interessante vê-la.

Uma outra informação sigilosa, o segmento de gases industriais também parece ter sido invadido. Uma das empresas parceiras nossas, me confirmou que foi invadida, bem como uma outra, do amigo do Rômulo.

Solicitei apoio médico de psicólogos e psiquiatras que estarão disponíveis, para atendimento de todas as diretorias e seus subordinados.

Parece que o maior dano desse vírus é o psicológico, a psique.

Estamos perdidos, sem linhas de ação, sem saber o que fazer. Esta é a nossa condição no momento.

Solicito que tenham atenção máxima com seus parceiros e parceiras. Parece que o objetivo do vírus é dominar, através da intriga, da desconfiança e da falta de amor. Ele pode ser comparado à maçã do amor, da origem do pecado, na tradição cristã. O ser humano tem o Jardim do Éden, com tudo que precisa, mas no entanto, busca outras frutas.

Finaliza a sua fala se colocando como ouvinte dos demais diretores. Ele omite que seu computador está infectado, bem como os atuais problemas com sua parceira. Que ele os atribui, após ter visto a mensagem em sua casa. Que ela anda muito esquisita e seu pensamento distante.

Os depoimentos dos diretores são similares, é como se fosse uma operação de "control c" e "control v", com pequenas variações.

Um dos presentes trouxe o único caso de exceção, ao que foi descrito pelos demais. Que em seu computador, a frase não desaparecia quando alguém se aproximava e ele não teve como ocultá-la de sua filha adolescente. Que está vivendo uma situação difícil com sua parceira, pois a filha contou para a mãe sobre a mensagem.

O Presidente termina a reunião, solicitando mais uma vez sigilo sobre o que foi ali dito. Agradece a todos e finaliza, dizendo que uma equipe de especialistas está trabalhando, dia e noite, para solucionar esta ameaça.

Em seguida, solicita a vinda de seu Diretor de TI, Jonas, a sua sala.

Sem entrar em muitos detalhes, pois eles não têm uma intimidade tão profunda, o Presidente comenta que sua esposa, provavelmente deve ter visto a mensagem, porque ela anda muito reticente, evitando olhá-lo nos olhos. O Presidente omite, talvez até por não ter essa proximidade toda com Jonas, que não tem dormido direito, em função das inquietações que a frase tem lhe provocado. Seus pensamentos giram em torno de traição. No fundo, sente-se representado em cada uma das declarações que ouviu de seus subordinados. Seus pensamentos são desconfortantes. Fala de como a frase surgiu no seu computador e o que ele sugere que se faça. Pede sigilo máximo sobre a conversa que tiveram.

Solicita que ele crie um link para uma reunião online, com as refinarias da empresa. Tempo máximo de duração, 40 minutos. Avisar hoje que a reunião será amanhã às 14 horas.

Jonas preparou o ambiente, agendando a reunião para o horário das 13:45h às 14:40h, a fim de que às 14 horas, todos já estivessem devidamente em seus locais, aguardando o Presidente.

Sabedor de problemas de comunicações, comuns em regiões mais distantes, como o nordeste, coloca seus técnicos, no dia anterior à reunião, corrigindo possíveis dificuldades que poderiam ocorrer na transmissão.

Eles ligam para todas as refinarias, procurando saber se não há algum problema pendente que possa dificultá-la.

Como previsto, a reunião teve início na hora programada.

O Presidente abre a sua fala, com fisionomia grave, demonstrando preocupação. O primeiro tópico abordado foi o do sigilo. Todos ali deveriam manter para si, o que ouviriam ali. A empresa poderia sofrer grandes perdas, e como decorrência o país, se houvesse algum vazamento sobre do que trataram naquela reunião.

Com a inteligência e a prudência dos grandes homens, colocou que estava preocupado, com notícias recebidas de fontes seguras, sobre a ocorrência de um vírus que estava atacando o segmento de energia e já havia infectado o setor educacional. Que o mesmo, apresenta-se sob a forma de uma mensagem, que apresenta particularidades como: surge na tela do computador de uma determinada pessoa e some quando alguém se aproxima. Que ela se modifica, dependendo do sexo da pessoa à frente do computador.

Que a frase traz uma arma poderosa, capaz de destruir casamentos, famílias, a sociedade e o país. Mexe com os recônditos da alma humana, a psique.

Que ele desejaria ouvir relatos, sobre a ocorrência ou não desse vírus, em suas unidades.

O Presidente alertou para que fossem breves e objetivos, em suas explanações, pois o tempo disponível é curto.

O presidente da região nordeste iniciou sua fala, relatando que viu a frase na empresa e depois na residência. Que manteve isso em segredo, pois pensou ser uma coisa pessoal. Também não sabe se algum setor da empresa, a viu.

Já o da região sul, declarou que sabe, que a frase apareceu no seu computador e no da sua gerente. Pensou tratar-se de alguma chantagem, das empresas concorrentes.

Na região sudeste, o presidente avalia ter visto a frase, tanto em casa quanto na empresa, mas não ficou abalado com a sua presença. Ele acredita que ela faça parte de algum teste, dessas novas tecnologias, em crescente evolução.

Todos confirmaram a presença da mensagem, em seus computadores.

O Presidente declara que vai colocar todo o seu suporte à disposição das refinarias, para auxiliá-las nesta ameaça.

Durante a sua última fala, ao enfatizar sigilo sobre este assunto, inexplicavelmente surge a frase.

Ela movimenta-se sobre cada refinaria, como se desafiasse o sigilo recém proposto.

Inacreditável o que está ocorrendo! Todos estarrecidos! A frase ali, saltitante e desafiadora.

O Presidente acalma todos. Diz que possui os maiores cérebros de TI e que eles já iniciaram os trabalhos, desde quando ele ouviu falar da mensagens pelas suas fontes. Se despedem com a frase desafiadora piscando na tela e ofuscando seus olhos e mentes.

Ao término da reunião online, o Presidente olha para o seu Diretor de TI Jonas. Seus olhos expressam preocupação e temor. Os do diretor, incredulidade, impotência e terror.

Os olhares dizem muitas coisas, são subjetivos, mas torna-se necessário, às vezes, verbalizá-los, como no caso aqui.

O Presidente pergunta: estamos sendo atacados, por algo muito maior do que imaginamos?

E tem como resposta: não sei.

Em seguida, Jonas explica que nunca viu nada assim, de uma reunião online ser invadida, acessando a todos os participantes. Que vai colocar todo o seu pessoal para descobrir e exterminar essa ameaça. Trata-se, para ele, de um enorme desafio, de uma questão de honra!

Alguns dias após o diálogo do Presidente da maior empresa energética do país, com o seu Diretor de TI Jonas, a imprensa passa a veicular que o vírus migrou do gás para o setor energético.

Assim como ocorreu na educação, o mesmo se deu na área de energia. Os funcionários e seus parceiros enfrentaram a mensagem que desestabiliza o emocional, roubando a razão. A frase, segundo algumas reportagens veiculadas, tem o poder de uma sentença judicial, para definir o destino do casal.

A imprensa repercute os acontecimentos, elevando o nível de tensão da população. As notícias são divulgadas em edições especiais, que se tornam cada vez mais constantes.

E não param as divulgações:

A estranha morte da mulher do presidente da multinacional, na piscina de sua residência, sendo ela medalhista em várias competições de natação, levanta suspeitas do envolvimento de seu parceiro. Uma testemunha que prefere não se identificar, declarou que a diretora morreu após ler a mensagem em seu computador.

O gerente regional de comercialização de gases, de uma renomada empresa, encontra-se internado, no CTI, com baixíssimas possibilidades de vida, em função de uma tentativa de homicídio, por envenenamento, do seu parceiro.

A diretora executiva da comercialização de gases, uma elegante e bela senhora, de 59 anos, é a principal suspeita da morte de seu companheiro, de 38 anos.

As mídias e canais de televisão relacionam os vários assassinatos, ligados a pessoas ou parceiros que trabalham no segmento gás. No mesmo sentido, um canal investigativo descreve os registros de separações de pessoas operadoras ou parceiras, relacionados à área de energia. Os dados divulgados são perturbadores.

Uma outra mídia digital busca fazer uma correlação entre o número de agressões e registros nas delegacias policiais, com operadores ou parceiros da área de energia. Os números apresentados indicam um percentual de mais de 400% em relação a todos os registros existentes. Assustador!

Uma mídia considerada marrom, divulga a informação de que um vírus chamado "vírus do amor" infectou o segmento de gases e de energia do país, a morte de diversos presidentes e diretores e de um número exagerado de assassinatos, separações e agressões físicas, de pessoas direta e indiretamente ligadas ao setores.

As empresas têm dificuldades no seu processo industrial, em função da diminuição de seus funcionários, afetados pela sentença do vírus.

Produtos começam a faltar nas prateleiras dos mercados, por ausência de diesel, para o sistema de transporte. A inflação aumenta e os preços disparam.

Alguns supermercados são saqueados. A violência atinge níveis insuportáveis e o governo desloca forças de segurança, para manter o controle sobre a situação instável do país.

Os dados que são veiculados apavoram! O governo teme que o país seja parado. Tenta e não consegue censurar as notícias, que contenham qualquer menção às palavras gás e energia.

Briga no beco

Encontrei meu marido às três horas da tarde
com uma loura oxidada.
Tomavam guaraná e riam, os desavergonhados.
Ataquei-os por trás com mão e palavras
que nunca suspeitei conhecer.
Voaram três dentes e gritei, esmurrei-os e gritei,
gritei meu urro, a torrente de impropérios.
Ajuntou gente, escureceu o sol,
a poeira adensou como cortina.
Ele me pegava nos braços, nas pernas, na cintura,
sem me reter, peixe-piranha, bicho pior,
fêmea-ofendida,
uivava.
Gritei, gritei, gritei, até a cratera exaurir-se.
Quando não pude mais fiquei rígida,
as mãos na garganta dele, nós dois petrificados,
eu sem tocar o chão. Quando abri os olhos,
as mulheres abriam alas, me tocando, me pedindo
graças.
Desde então faço milagres.

Adélia Prado

A TRAIÇÃO

Capítulo V

O Arrependimento Sincero

Arthur após conversar com seu amigo Marcelo, Diretor de TI, sobre o aparecimento da mensagem, segue preocupado pelo poder que ela encerra em termos de angústias e preocupações.

Sente que está dentro de um furacão, desde a noite anterior, quando viu a mensagem pela primeira vez e a sua repetição no trabalho. E as inquietações que ela levanta, em função do seu relacionamento extra. Vive um pesadelo! É o que pensa.

Fim de expediente, o departamento vazio, Arthur reflete sobre como agir para reduzir suas ansiedades e preocupações.

Seus pensamentos vão se encadeando de forma lógica, desde o momento, na noite anterior, em que abre o notebook e vê a mensagem "VOCÊ NÃO AMA SUA ESPOSA" o desafiando, passando pela frase pouco nítida "LZXZ.42". Neste ponto de lembranças, seu pensamento o leva a recordar-se da estranha sensação de flutuar, que sentiu ao ver as letras se desvanecendo a sua frente, como um aviso ou um pressentimento de algo importante, que precisa ser captado, porque é efêmero.

Em seguida, no trabalho ao ligar o computador, lá também se depara com a mesma mensagem. Os pensamentos advindos o incomodam, mas ele insiste em relembrá-los. Recorda as feições alteradas de Veruska, quando em frente ao monitor.

Seus pensamentos prosseguem em relação ao dia seguinte, quando ao ligar o computador na empresa, para sua surpresa e espanto, a mensagem também lá se encontra. Que tormento! É o que sua mente é capaz de lhe fornecer.

Levanta-se para arejar o cérebro, pois sente que seus pensamentos estão acelerados e resolve ir para casa.

No carro, sintoniza um canal de música clássica; sabe que ela é capaz de liberar dopamina, um

hormônio ligado ao prazer e responsável por frear o estresse.

Ao som da Cantata No. 147: Jesu, Joy of Man's Desiring -Jesus, Alegria dos Homens-, de Bach, seus pensamentos fluem melhor, ele sente.

O turbilhão de ideias cede e uma nova preocupação surge; precisa colocar o fusível na caixa da fonte do computador, para que sua esposa o utilize.

Ao parar o carro em frente à garagem, Zeus e Titan iniciam um festival de alegres latidos, naquele amor lindo, que só eles possuem.

Faz carinho em suas cabeças, dizendo

palavras carinhosas e eles o seguem, alegres da vida, saltitando ao seu lado. Titan, um labrador de cor chocolate, é o mais apegado a Arthur, pela forma como interagem. Ao entrar na cozinha e ver uma cafeteira ligada, sabe que Veruska está em casa. Pergunta: Bem, você tá aí? Sim, é o que houve como resposta. Rápido, põe café em dois copos e sobe para o segundo andar, pois sua esposa é do Sul e adora um cafezinho.

Enquanto pegava o café, lembrou-se de passagens da noite anterior e precisava avaliar se as feições de Veruska tinham melhorado ou não.

Ela estava sentada à mesa, com vários trabalhinhos de suas crianças e o seu olhar foi sereno, ao aceitar o cafezinho. Isto o deixou animado.

Ela comenta que o computador não está ligando, se ele pode dar uma olhada nele. E reinicia o seu trabalho de carimbar os trabalhos feitos pelas crianças.

Arthur vai até o computador, simula inspecionar os cabos, conexões e ligeiro, coloca o fusível na caixa da fonte. Liga o computador e o LED vermelho acende indicando que está sendo processado o boot. Neste diminuto espaço de tempo, entre apertar a tecla e a tela surgir, o coração de Arthur veio à boca. Meu Deus, a frase, se ela aparecer aqui? Pensou.

E o que ele temia, aconteceu: "VOCÊ NÃO AMA SUA ESPOSA" crescia aos seus olhos.

Vira a cabeça para trás e percebe, que do

ângulo em que a Veruska está sentada, não consegue ver a tela completamente. Isso parece acalmá-lo, mas não muito. Enquanto avalia o que fazer, a mensagem some, surge paz a sua mente.

Vira-se para a Veruska e diz: o computador já está ok, era um problema de cabo.

Ela responde: que bom, eu vou preparar um trabalhinho de casa.

Arthur após banhar-se, desce as escadas e já a encontra, terminando de preparar dois deliciosos sanduíches. Eles são feitos de pão 100% integral, com fatias generosas de queijo branco, rúcula e tomate. Tudo de acordo com uma receita para emagrecer, que ela segue.

Sentam-se frente à frente. Em determinado momento, seus olhos se cruzam e param. Ambos interrogativos; ele tenta disfarçar, olhando para uma fruta da cesta. Ao retornar, encontra o olhar fixo dela, seguido de palavras: bem, estou muito preocupada. Ontem, ao ligar o computador apareceu uma mensagem, dizendo que eu não amava você. Isso me perturbou, me balançou. É uma questão muito difícil para eu lidar, porque você é tudo para mim e por que eu não iria amá-lo?

Antes, você já havia demonstrado um comportamento estranho, uma palidez assustadora.

E depois, quando chego à escola e ligo o computador, a mesma mensagem aparece.

Estou à base de calmantes, não sei o que fazer. Até pensar que você está me traindo, me ocorreu. O que você tem a dizer sobre isto? Amanhã não irei à escola, não tenho condições psicológicas para lecionar.

Ele se levanta e a abraça carinhosamente, ela é o seu grande amor! Ela assim tocada, deixa toda a emoção fluir e uma cascata de lágrimas despenca em suas faces. Ele a aperta contra si e a beija, alisando os seus cabelos macios. E diz: Veruska, meu amor, você sabe como eu te amo. Criamos uma vida junto, de amor e companheirismo, com dois lindos filhos. Isso pode ser algum hacker, uma chantagem, sei lá, esses computadores são tão malucos e cada vez mais, invadem as nossas privacidades. Estou ao seu lado e sempre estarei.

Parece que as palavras dele, insuflaram nela a energia necessária, para suplantar aquele estado depressivo em que se encontrava.

Ela sentindo-se mais revigorada, foi à cozinha preparar algo, para comemorar a nova emoção que passou a sentir.

Arthur conhece toda a vida de Veruska com seus pecados e erros, seus amores e desencontros, coisas comuns dos mortais, contados por ela própria. Sabe também da sua fragilidade, em possuir baixa autoestima.

À noite, em sua cama, Arthur finge dormir mantendo os olhos fechados, mas seus pensamentos estão acelerados

Revê mentalmente a história de seu pecado, de como começou a traição. Lembra-se do seu início, a mais ou menos um ano e meio. Sentia que Veruska andava distante, voltada apenas para as suas crianças. Neste período, em um encontro de apresentação de projetos, conheceu Patrícia.

Uma linda morena de cor acastanhada, como se tivesse marcado nela a miscigenação do europeu branco com o marrom do índio. Uma cor bela e envolvente. Feições suaves, ressaltando os expressivos olhos castanhos claros, emoldurados por sobrancelhas negras bem delineadas. Os cabelos de fios grossos, negros e brilhantes ostentam um corte moderno. Complementam a sua estampa de mulher bela, o seu sorriso cativante, de lábios carnudos e dentes brilhantes. Uma mulher muito atraente.

Arthur não sabe como aconteceu, foi muito rápido; atraíram-se como ímãs e telefones foram trocados. Seus encontros eram quase mensais e se sentiam como dois jovens adolescentes enganando seus pais, quando eles ocorriam. Patrícia, como ele, tinha dois filhos adolescentes e o marido envolvido em pesquisas na faculdade, quase não a procurava.

No início, os encontros foram muito prazerosos de sexo. Ela uma morena de cor diferente, 47 anos, corpo bem definido pelas aulas de academia, para os dois filhos gerados e de um cheiro feminino, quase irresistível.

Tinham que tomar muito cuidado, para que as marcas do amor desses encontros, não se tornassem visíveis aos seus parceiros, tamanha era a volúpia neles envolvida. Mas sempre acontecia algum excesso, mais dele do que dela.

Certa vez, Patrícia contou-lhe que passou por uma situação que sua alma gelou. Ele havia deixado marcas na sua virilha e ela usava uma pomada, para que o roxo sumisse mais rapidamente. Ela trocava de roupas, quando o seu marido chegou e observou a leve mancha roxa e perguntou o que era aquilo.

Patrícia sentiu um calafrio percorrer o seu corpo, mas externamente nada observável e respondeu: esse pessoal de construção civil é terrível. Estão fazendo reforma na empresa e me bati em uma estaca divisória de canteiros, sem sinalização alguma. Doeu muito na hora. Ainda bem que não pegou mais à direita, pois seria complicado.

E fez questão de exibir a marca que já estava quase sumida, indicando o local onde doeu mais, quando se bateu na estaca.

Sua atitude quebrou qualquer resquício de dúvida que pudesse existir na cabeça do marido, que complementou o que ela havia dito em relação à segurança: o país possui uma das maiores taxas de acidentes, na área de construção civil.

Transcorria o tempo e à medida que os encontros aconteciam, a atração sexual diminuía e os problemas existenciais aumentavam. Patrícia passava por dificuldades com seu filho adolescente que não queria estudar e em seu quarto havia um cheiro de incenso indiano. No último encontro ocorreu algo inexplicável, não houve sexo, ela queria desabafar. Disse que achou um pequeno pedaço marrom, de algo similar a fibras fininhas prensadas, escondido dentro de um saquinho, atrás da estante do quarto do filho. Pegou o envelope e o levou para uma amiga confidente, que identificou tratar-se de maconha. Que ela, quase morreu, ao saber que seu filho era usuário de drogas. E que a sua amiga, por já ter passado por esse problema, a tranquilizou. Que a amiga alertou como ela devia proceder com o seu filho. Arthur lembra-se de algumas sugestões da amiga, que achou curiosas como: que o filho ao ser indagado sobre o que era aquilo, no caso a maconha, provavelmente iria dizer que não sabe o que é aquilo. Que ele não usa.

Já com relação ao cheiro de incenso em seu quarto, para encobrir o cheiro forte da maconha, a amiga alertou que o filho dirá que está gostando da cultura indiana, principalmente de Sidarta, o Buda. Tudo o que disser, para se isentar, é mentira.

A sua amiga a orientou a procurar um grupo de autoajuda para ela, como o Nar-Anon e para ele, o NA- Narcóticos Anônimos, para aprenderem a lidar com o problema surgido. Também lhe ofereceu uma vasta literatura, abordando o uso de drogas, existente nesses grupos.

Arthur vira-se para o outro lado, na cama, tentando fugir dos pensamentos, mas não consegue eles estão acelerados. Resolve ir ao banheiro e no trajeto há uma uma inversão no seu pensar. Veruska ainda desperta nele uma inexplicável atração sexual, algo ligado à química do amor, mesmo após 20 anos. Basta que ele a abrace e sinta o seu corpo contra o dele, para que o desejo se faça presente, de forma tão contundente que o incomoda. Veruska o faz sentir-se como homem muito mais do que Patrícia, cujos encontros ocasionais deveriam explodir em prazer, mas isso não acontece.

Por outro lado, ele intuitivamente sabe que já possui problemas suficientes e não precisa de mais nenhum, como este trazido por ela.

Reflete e se acha culpado pelo seu comportamento e lá no fundo, por parte do estado depressivo de Veruska. Pensa: ela não merece o que eu ando fazendo; vou terminar com tudo isto. Eu tenho vergonha de mim, por ter traído a sua confiança. Que espécie de homem eu sou? Se pergunta. Depois de 20 anos de casado, não, isso não vai acontecer nunca mais! Vou descobrir um jeito de me afastar da Patrícia, sem machucá-la. E será amanhã!

Assim como Arthur encontrou dificuldades para dormir naquela noite, o mesmo ocorreu com Veruska. Seus pensamentos giravam em torno da sentença, que aquela mensagem representava para a sua baixa autoestima.

"VOCÊ NÃO AMA SEU ESPOSO" pulsava em seu cérebro, levando-a a questionamentos como: o amor que eu acho possuir por Arthur, pode ser entendido por amor ou por proteção? Talvez este último seja o mais indicado, pela minha timidez e dependência.

Recorda-se de um pastor procurado por ela, sugerir-lhe afastar-se de Arthur. Que ao lado dele, ela seria uma eterna dependente dele. Que devia pedir divórcio.

O amor que me domina é o da posse? Parece que sim. Se é isso, então não é amor o que sinto por ele. Ou é um tipo de amor no qual a posse predomine?

Ah, de uma coisa eu tenho certeza, do meu amor de ciúmes.

Até hoje, embora com menor intensidade, ele ainda se faz presente. Arthur, não sei porquê, mas as mulheres gostam de conversar com ele, isso me irrita!

Reconheço que ele é agradável, culto, alegre e irradia uma energia positiva onde se encontra. Talvez seja por isso, não sei. Talvez, quem sabe, possa ser uma inveja que tenho dele, por ser tão comunicativo. Coisa que passa distante do meu jeito de ser.

Novamente a frase representada pela sentença vem a sua mente, como uma faca, cortando as outras sinapses que tentam surgir. Não consegue fugir dela. Ela se impõe como a de um juiz.

Veruska passa a questionar o amor de Arthur.

Excetuando-se as viagens que ele faz pela empresa e não dorme em casa, ela nunca soube de nada com relação à traição. Mesmo procurando descobrir com as esposas dos seus colegas de trabalho, não teve sucesso.

Que ele tem ciúmes dela, mas ele é sublimado. Veruska com a sua sensibilidade o percebe. Às vezes, para testá-lo e sentir-se com o ego mais elevado, traja uma roupa mais decotada. Arthur, para satisfação dela, comenta: essa blusinha, está interessante hein! Aquilo é o máximo para ela, seu ego se torna do tamanho do ambiente!

Ela reflete sobre a sua relação com Arthur: de todas as cabeçadas e desencontros da minha vida amorosa, o Arthur foi o meu porto seguro, com seu jeito positivo de colocar a situação. Lembro-me do nosso início de namoro, quando eu desejava continuar indo a discotecas e ele me colocou contra a parede, dizendo: você precisa fazer a sua escolha, se vamos prosseguir nessa vida ou direcioná-la para o nosso casamento. Uma coisa ou outra.

Eu já desejei e fiquei com outros homens, mas desde que encontrei Arthur, minha busca terminou, pois ele me realiza como mulher e ser humano.

Preciso dizer isso para ele. E fecha os olhos do pensamento. Dorme. Seu sonho é azul.

Na manhã seguinte, Arthur ao subir as escadas levando o café para Veruska, aspira no ar o seu perfume. Ela já o espera sentada na cama. O café é posto de lado e o mar verde dos seus olhos o abraça, beija e o envolve na mais linda viagem que o ser humano já participou, a do amor.

Capítulo VI

O Amor da Psicóloga

Rômulo após conversar com seu amigo Arthur, sobre o aparecimento da mensagem em seu computador e de sua desconfiança em relação a sua esposa Tânia, é informado por sua secretária, que o seu gerente Roberto precisa urgente vê-lo.

A partir daí, uma série de eventos ocorrem, culminando na reunião online solicitada pelo Presidente, que foi invadida pelo vírus, para perplexidade do Diretor de TI Jonas.

Foram dias extenuantes no enfrentamento da mensagem, sobrecarregados pela desconfiança de traição de Tânia. Seu relacionamento está por um fio, seus nervos estão à flor da pele!

Mas antes, necessário se faz explicar como esse relacionamento começou.

Sempre ele, o amor, e ele prega peças! E quem poderá explicá-lo, a não ser os próprios amantes? Talvez nem eles mesmos o saibam. E sejam simplesmente tomados pelo sentimento arrebatador que o mesmo encerra e sigam o fluxo da sua correnteza.

Tânia estava cursando o último ano de psicologia, quando seus olhares se cruzaram: o dela com o de Rômulo. O amor foi despertado naquela pequena cidade interiorana.

Nela, o pai de Rômulo, apelidado por Braga, conheceu sua esposa Vilma, quando a empresa em que trabalhava, o enviou para concluírem a instalação de um forno industrial.

O tempo que ficou na cidade para efetivação do trabalho foi de apenas duas semanas, mas o suficiente para se apaixonar por aquela que viria a se transformar em sua esposa. Ela por possuir parentes lá, convenceu-o a comprar um pequeno sítio, naquela agradável cidade do interior, muito visitada pelas suas famosas fontes de água com elevado teor de magnésio.

Em quase todos os finais de ano, era comum a família viajar para aquele agradável recanto, tentando fugir do estresse das cidades grandes. E neste, não foi diferente.

A viagem foi planejada para o final de semana por vários motivos, entre os mais importantes o trabalho do pai de Rômulo. Seu sócio no restaurante, havia viajado para Portugal e só retornaria entre o dia 15 e 20 de fevereiro.

Rômulo era amigo de faculdade de Arthur, que resolveu convidá-lo para participar do passeio, como se fosse um membro da família. Na época Arthur tinha terminado um relacionamento e ficou feliz em saber, que se abria uma oportunidade para se divertir e esquecer o amor passado, que ainda o incomodava.

No dia 25 de fevereiro em uma manhã agradável, onde nuvens branquíssimas compunham o cenário de um lindo céu azul, os dois carros partem em direção às fontes de águas de magnésio, daquela cidade de amores.

Amores!? Sim, amores, você que me lê, saberá o porquê.

Rômulo foi no carro de Arthur e a mãe de Rômulo, com o marido Braga no outro.

Não houve intercorrências durante a viagem e após quase 6 horas, chegaram ao destino final.

Um doce, idoso e gentil senhor abriu os portões do sítio.

As malas foram retiradas dos carros e acomodadas nos respectivos locais.

No dia seguinte, um sábado, é anunciada a abertura do carnaval na pracinha principal, com o desfile de pequenos blocos.

Rômulo e Arthur estão na pracinha, em um restaurante de esquina, sentados, saboreando um gelado chopp, acompanhado por pedaços de queijo provolone.

Quando termina o pratinho de provolone, Rômulo ligeiro pega em seu bolso a carteira de cigarros e oferece um a Arthur, pois o dele havia acabado, há pouco tempo.

Entre chopps e baforadas de cigarro e muita alegria em falar e ouvir as coisas da juventude, aqueles futuros engenheiros percebem, entre um grupo de pessoas que caminha, duas jovens que parecem brilhar entre as demais. Rômulo olhando em direção a elas, cutuca Arthur que já estava com seu olhar direcionado àquele local.

Eles nem aguardam o garçom para solicitar a conta e se dirigem ao caixa, que ficou um pouco desconcertado, por não saber qual era o valor a ser cobrado, mas isso foi uma questão de segundos, pois rapidamente o garçom apareceu, apresentando o valor.

Eles rapidamente seguiram atrás daquele grupo de pessoas, sem se quer saber para aonde se dirigiam.

Após caminharem em torno de 10 minutos, eles percebem que elas deixam o grupo e se dirigem para a calçada e entram em uma loja tipo bazar.

Eles se colocam em frente ao bazar, em uma posição estratégica, para abordar as jovens, quando deixarem o estabelecimento.

Durante a caminhada de acompanhamento do grupo, Rômulo percebeu que Tânia, cujo nome ele soube depois, disfarçadamente o estreitava durante o trajeto.

As jovens com suas dissimulações inerentes, saem da loja, ao que parece, mais belas. Fingem não perceber a intenção dos amigos em relação a elas e entre risadas continuam caminhando.

Rômulo e Arthur são hábeis caçadores e não desistem facilmente da presa e algum tempo depois, os dois casais já se encontram sentados, em uma sorveteria saboreando iguarias de sorvetes de frutas naturais, servidos no local.

Durante as conversas que eles trocam, Rômulo percebe que diferentemente da amiga, Tânia fala com o mesmo sotaque dele.

Neste ponto, relembro o que disse algumas laudas acima: que essa era uma uma cidade de amores.

Tânia não reside ali como a amiga, ela é da mesma cidade de Rômulo. Seu pai é que possui um sítio lá, no qual sempre passam o carnaval. Seu pai, como a mãe de Rômulo, tem seus parentes residindo lá.

Sem dúvida, só uma cidade de amores, poderia propiciar um coincidência dessas: dois jovens da mesma cidade, que vão encontrar o amor em uma cidade distante das suas. Coisas do destino ou do amor?

Aquele entardecer com olhares e carícias trocadas, selou o compromisso do namoro entre Tânia e Rômulo.

Eles passam se encontrando durante todo o período de carnaval, sempre à tarde.

Na terça-feira de carnaval, ela surge radiante e bela como nunca, fantasiada de índia, exibindo o contorno do seu belo corpo sob a vestimenta. Tânia é aquele tipo de mulher que seduz pela aparência física e pelo modo delicado, quando se expressa. Não é alta nem baixa, nem gorda e nem magra; enfim, é toda harmoniosa. A presença da fêmea reside nela.

Ao vê-la caracterizada de índia, com aquele sorriso alegre, configurado pelo lindo cocar e saia justa, Rômulo sentiu um misto de emoções: por um lado estava orgulhoso, mas ao mesmo tempo, uma sensação estranha irrompeu por todo o seu corpo, algo parecido com ciúmes dava os seus primeiros sinais.

Na quarta-feira à tarde, se despedem e retornam à cidade em que residem.

Tânia estuda de manhã e à tarde participa de um trabalho comunitário, de atendimento psicológico às crianças, junto ao Conselho Tutelar.

Ela possui um engajamento muito forte no sentido de ajudar o próximo e talvez tenha sido este, um dos principais motivos da sua escolha por psicologia.

Rômulo trabalha em uma empresa de engenharia como projetista de máquinas, na área de engenharia de sistemas e à noite cursa engenharia química.

Quase toda semana ele descobre uma maneira de se encontrarem, só não o fazendo quando há uma semana de provas.

Tânia termina a faculdade e consegue ser aprovada como trainee, em uma grande empresa multinacional, na área de saúde, enquanto Rômulo ainda tem mais um ano de estudo a concluir, caso não seja reprovado.

O emprego de Tânia resultou nas primeiras divergências entre eles, realçando o ciúme de Rômulo em relação a ela. Bastava que ele ligasse e fosse informado de que ela não se encontrava na sessão, para no primeiro encontro já começar com discussões.

Ela com toda a calma do mundo explicava: meu amor, você tem que entender que eu não fico só na sessão. Além das entrevistas aos novos funcionários que estão em processo de seleção, existem outras atividades como ministrar cursos internamente, além de participar de workshops promovidos pela empresa.

Ela continua seu relato dizendo: olha quero aproveitar para te dizer, que ouvi uma das atendentes comentando com a outra, que um sujeito liga para Dra. Tânia e ao saber que ela não se encontra na sala, se torna mal educado, chegando a bater o telefone.

Ele retruca que não é nada disso e que elas é que não são tão educadas quanto querem parecer, inclusive já deixaram ele pendurado no telefone diversas vezes, para enfim chamá-la.

Tânia percebe que após ter comentado o problema do telefone, Rômulo diminuiu a frequência de ligações.

O último ano da faculdade foi muito extenuante para Rômulo, pois a empresa em que trabalhava passava por dificuldades, tendo que reduzir o seu pessoal e consequentemente elevando o nível de exigência, para os demais empregados restantes.

No lado acadêmico suas exigências também aumentaram, pois precisava concluir o seu projeto final para para defendê-lo.

Eles praticamente só se encontravam nos

finais de semana. Momentos nos quais traçavam os seus planos de casamento, com ambos muito empolgados escolhendo os prováveis utensílios domésticos, que deveriam ser primeiramente comprados.

O dia esperado por ambos aconteceu e uma leve chuva selou o casamento deles. As colegas quando vinham cumprimentá-la na área reservada da igreja, aproveitavam para dizer que eles seriam muito felizes, porque foram brindados com uma chuva típica de verão, refrescante e passageira.

A Lua de Mel foi em um lugarejo de praia com muitos coqueiros e uma extensa planície de areia branca

Um dos compromissos que firmaram foi não ter filhos, pelo menos no início, para que pudessem economizar para a compra do seu primeiro imóvel.

Tânia pensou que o casamento, do seu contato diário com Rômulo, viesse reduzir ou até eliminar o ciúme existente em relação a ela, mas ele não diminuiu, passou a ser dissimulado.

Ele parece ter cedido com o nascimento dos filhos, que trouxe uma alegria enorme àquele casal de jovens.

Quando os filhos surgiram eles já tinham adquirido seu primeiro apartamento, pois Rômulo havia diversificado o investimento que eles estavam fazendo, comprando títulos de renda fixa CDB (certificado depósito bancário) que propiciaram enorme lucro no capital aplicado.

Os filhos já estavam adolescentes quando ela

resolveu voltar ao mercado de trabalho, que havia se desligado quando eles nasceram. Tânia pela sua formação acha interessante e saudável, que as mães fiquem pelo menos os cinco primeiros anos com os filhos, mas ela esticou esse período um pouco mais.

Como os empregos na área não estavam muito interessantes, ela e mais duas colegas psicólogas abriram um consultório, para oferecer serviços de psicologia. Cada uma delas com formação específica, de especialização em determinada área. Tânia possuía uma pós-graduação em psicopedagogia e as suas colegas, uma em dependência química e a outra com especialização em neuropsicologia.

Como o início de qualquer empreendimento requer muito investimento, Tânia passou a fazer consultas online, a fim de equilibrar os custos do consultório de psicologia.

Foi durante esse período de consulta online, que passou a vivenciar o que ela denominou de o pior período da minha vida.

Ela já vinha notando a um certo tempo, que Rômulo assumia certos comportamentos estranhos, perante situações normais do dia-a-dia.

Uma noite, um canal de televisão noticiou que um homem foi capaz de esquartejar a mulher, só porque ouviu falar, que ela o traía.

O certo e normal seria uma atitude de repúdio a um ato desses, mas ele pareceu aceitá-lo, como se fosse normal.

Além das atitudes estranhas que ela percebia

em Rômulo, ele passou a chegar do trabalho mais tarde, alegando que a empresa estava passando por uma nova estruturação, por motivo de mudança no governo e já não a procurava como anteriormente.

Com o advento da pandemia, as consultas online registraram uma excelente elevação. Tânia aumentou seu número de clientes, mas continuava ainda investindo no consultório, que ainda não se sustentava por si só, as despesas eram maiores do que as receitas.

Passado o terremoto da pandemia, o número de clientes diminuiu na consulta online e aumentou na presencial, tendo como resultado final, o equilíbrio na entrada de receitas.

Ela fez o seguinte horário de atendimentos: segundas e quartas no consultório, à tarde e terças e quintas em casa, das 10 às 16 horas.

Tânia, muito observadora, pode até estar enganada, mas tem a impressão de que algumas vezes, quando chega ou sai do consultório nota a presença de um casal, que é o mesmo que ela identificou em um carro, que às vezes ela vê pelo retrovisor como se a seguisse.

Certa tarde antes de atender um paciente, como sempre faz, liga o computador para rever a história clínica do mesmo.

Enquanto o computador é inicializado, levanta-se para pegar na estante seu bloco de notas.

Ao retornar, ajeitando-se na cadeira fixa os olhos na tela no que ali está escrito. O monitor expõe em letras grandes: "VOCÊ NÃO AMA SEU

ESPOSO".

Ela para, põe os cotovelos sobre a cadeira e tenta entender o que lê. Seu pensamento heurístico é o primeiro a ocorrer, buscando de forma inconsciente e automática, soluções para a mensagem captada por seus olhos, mas é prontamente rejeitado por sua razão. Seu cérebro ágil faz conexões instantâneas, entre o que lê e o que ela pode entender daquilo, mas há um profusão delas ocorrendo simultaneamente, dificultando um pensar lógico.

Levanta-se para respirar e caminha até a janela do consultório. Enquanto se desloca seus pensamentos desaceleram, e o "cogito, ergo sum" (penso, logo existo) de Descartes se faz presente. Sua razão retorna.

Senta-se novamente em frente à tela que a desafia. Uma luta ali se trava, de um lado uma inerte frase de um computador e do outro, um ser complexo como o humano, com suas idiossincrasias.

Enquanto milhões de sinapses ocorrem em seu cérebro e seu olhar perdido na tela, ela não percebe que a mensagem desapareceu e quando retorna de sua viagem mental, o que vê são os ícones dos programas que utiliza.

Tânia respira fundo mais uma vez e lembra-se que aproxima-se a hora da consulta de seu cliente.

Faz o atendimento e como a outra cliente só chegará duas horas depois, resolve ficar no consultório. O aparecimento da mensagem é um dos motivos de não ir em casa, como sempre faz.

Vai até o frigobar pegar a sua garrafa de

probiótico zero gordura. Serve-se de uma uma porção em seu copo predileto. Puxa a cadeira e senta-se de frente à janela, olhando para a paisagem que se descortina a sua vista, do verde ondulante das distantes montanhas. Ela sabe que a natureza exerce um poder tranquilizador sobre ela; acalma sua mente confusa.

Tânia é uma pessoa inteligente, racional e ágil mentalmente. Assim vai alinhando e descartando hipóteses, para o aparecimento da frase.

Basicamente sua compreensão envolve o comportamento de Rômulo, o seu antigo ciúme e o casal que coincidentemente tem visto, mas não deixa de considerar a possibilidade, de que seja um golpe ou uma chantagem, tão comuns atualmente.

Inicia uma série de pensamentos sobre a frase afirmar que ela não ama o seu marido, mas resolve os interromper, porque se aproxima o horário de atendimento da outra cliente.

Atende a última paciente e se dirige a sua casa. No retorno, em uma curva, ao olhar pelo retrovisor percebe o mesmo casal visto anteriormente, dois carros após o dela.

Seu coração acelera, a mensagem que é vista no computador ecoa na mente e uma indagação surge: estou sendo seguida? O que isso tem a ver com a frase?

Tenta se controlar e manter atenção à direção, pois falta menos de 2 Km para chegar em seu apartamento.

Pega o elevador ainda bastante abalada e ao

entrar em casa, joga a bolsa em cima da mesa e seu corpo no sofá. Respira fundo contando mentalmente até 10, 20 e 30 até acalmar-se. Parece ter conseguido, pois se dirige para tomar uma ducha bem quentinha, que deve fazê-la sentir-se melhor. Realmente o banho a renovou e saiu dele mais leve, pronta para pensar melhor sobre o que ocorreu e como agir.

Depois de muito refletir, resolve ligar para sua amiga da época do pré-vestibular, que a ouve e combinam almoçar juntas, no dia seguinte, no restaurante Onerom, muito conhecido delas.

Explica para a amiga tudo o que está ocorrendo, sem omitir nada como duas verdadeiras amigas o fazem. Desde o comportamento de Rômulo, a frase no computador, o carro e o casal que tem visto frequentemente.

A sua amiga depois de escutá-la, diz: está tudo muito estranho, eu acho que você deveria contratar um detetive, porque você pode estar sendo chantageada. Você se lembra daquele que cuidou do meu caso? Ela pergunta. Ele se tornou um grande amigo meu, se você quiser eu falo com ele e te passo o telefone.

Ela concorda com a amiga, que compartilha o telefone à noite.

Durante o almoço no dia seguinte, na mesa próxima a elas, sentaram-se dois rapazes; um deles muito elegante e belo e o outro nem tanto.

Entre garfadas e conversas Tânia percebeu que o mais bonito, moreno de olhos verdes, estava interessado nela. Quando se deslocou em direção ao banheiro, ele a seguiu a uma distância prudente, mas mesmo assim foi notado por ela. Quando Tânia retorna a sua mesa, no caminho sente ser tocada no ombro e ao virar-se, quase ao seu lado está o rapaz que a seguiu. Neste instante, o outro jovem que ficou na mesa, discretamente tira uma foto.

Tânia e a amiga se despedem na porta do restaurante, com a amiga dizendo: qualquer coisa me liga; pode ser qualquer hora.

No retorno ao seu apartamento, os seus olhos estão simultaneamente na estrada e no retrovisor, procurando ver se está sendo seguida; felizmente parece que não.

Em casa resolve ligar o computador, para ler os e-mails e arquivos que recebe do Conselho de Psicologia. A tela grande é menos cansativa que o celular, assim ela pensa.

No momento em que aperta o botão de inicialização sente algo estranho, como se fosse um pressentimento, invadir seu corpo. Sim ela estava certa, a frase surge cintilando em suas pupilas: "VOCÊ NÃO AMA SEU ESPOSO".

Ela exclama: não é possível essa mensagem novamente. Tânia coloca os cotovelos na mesa, cruza os dedos das mãos para suportar a cabeça, e assim fixar seu olhar na tela a sua frente. Nesta posição passa a refletir sobre o que lê.

Eu não amar o meu marido?

A mensagem provocativa a conduz a profundas reflexões, sobre o que seja o amor e da sua interpretação pelo humano.

Tem recebido em seu consultório um número enorme de pessoas, que se dizem desiludidas do amor, mas na verdade o que parece existir nelas, é a ausência da empatia e do desejo de ajudar o próximo, aliado a uma série de outros fatores, que contribuem para a presença dessa ausência do amor. Como Narciso se volta para o espelho, elas o fazem para o umbigo. Como podem dar amor se não o possuem? E como receber se não são capazes de doar? A equação não se equilibra. O amor e toda essa imensidão de sentidos, colocados dentro da palavra, vem de dentro da essência humana de cada um, seja ele rico ou pobre. É a sua impressão divina, e imersa nos arquétipos da humanidade enunciados por Jung.

Depois das divagações retorna para o seu caso pessoal.

Eu não amar o meu marido?

Eu tenho a minha forma de amar, de parceria, de fidelidade e cuidados, mas que atualmente há uma turbulência no meu relacionamento com o Rômulo, isto é inegável. Já me auto analisei à procura de alternativas para mitigar o problema, mas não são fáceis, quando depende do outro. Ele e eu somos teimosos.

Essa mensagem que surgiu pode ser uma chantagem, mas não tinha pior hora para aparecer do que essa. Estou me sentindo como algumas de minhas pacientes, sem chão.

Sentada segurando o queixo, continua

refletindo e seus pensamentos retornam à filosofia e se pergunta: eu não amar meu marido? Pode até ser, pois o que é o amor? Se pergunta.

Ela entende que a palavra amor abrange uma vastidão de entendimentos. E tudo pode ser ali colocado. Acredita que por essa vulgarização, a palavra perdeu muito do seu real significado.

Que o amor varia de acordo com a cultura e com o país, logo ele é formatável, é customizável. Que a cultura islâmica e os países asiáticos, notadamente os ditatoriais, impõem uma forma de amor diferente daquela dos ocidentais. E quem estará certo?. Que o amor verdadeiro, Ágape, este sim, é puro, sem mágoas e pode ser comparado ao amor descrito nos versos bíblicos do Coríntios, onde o amor tudo sofre, tudo crê, tudo espera e tudo suporta. Ele é atemporal.

Que os humanos por possuir o pecado de Adão, exceção para os iluminados, jamais o atingirão, pois estão mais voltados para a beleza e o apetite sexual, como preconiza Platão.

Seu entendimento é o de que o desejo sexual, de posse, suplanta o amor despretensioso, da parceria, de ficar junto sem exigir e esperar excepcionalidades do parceiro. Conclui o raciocínio, alegando ser este um dos prováveis motivos da ausência do romantismo e responsável pelo gigantesco número de feminicídios atual.

E segue: amor ou tesão, um sobrevive sem o outro? Quando termina o amor e começa a parceria? E quando nem parceria existe, mas só o interesse financeiro, ainda prevalece o amor?

E por onde anda o amor poético e belo que tudo aceita, que tudo suporta de Coríntios? Ah, essa é figurinha rara. Sua conclusão é a de que o amor verdadeiro, como o descrito no versículo bíblico não existe, ele vem manchado pelo nosso pecado de incompletude humana, que alimenta essa busca infinita de insatisfação, semelhante a uma utopia, a qual se afasta à medida que nos aproximamos dela.

Tânia tem um modo assertivo e conciso de pensamento, que às vezes choca àqueles, que não estão acostumados a lidar com a verdade.

E continua com suas visões sobre traição e amor.

O que pode ser considerado traição, com o advento das redes sociais? Pode-se mensurar os tipos de traição como uma mais leve, uma média e uma inaceitável? Como fazer essa avaliação? Pelo que ela sabe não existe nenhuma legislação para isso.

Tentando entender e se posicionar em relação à traição, que possa já ter praticado, ela adota o critério acima exposto, de leve, média e inaceitável.

Traição inaceitável ela nunca fez, mas pequenas infrações já cometeu. E deve praticar ainda outras, essa é a certeza que possui. Sabe-se humana.

Quantos desejos reprimidos, quantas abraços em que ela se imaginou sendo possuída, quantas carícias efêmeras que ela desejou que fossem mais longas? Seriam elas médias ou pequenas, se pergunta.

Recorda-se de uma traição cuja pontuação ela considera média, que a marcou profundamente. Ela participava de um curso em que havia uma parte de dramatização e coincidentemente o seu par, era um rapaz que ela sentia uma certa atração, pelo seu modo inteligente e carinhoso.

No intervalo dos ensaios eles sentaram-se juntos em duas cadeiras próximas. Ele carinhosamente passa a mão sobre a mão dela e diz: você se saiu muito bem. Ela com a cabeça apoiada sobre os braços responde: obrigada e aceita o carinho. Ele avança um pouco mais e passa a friccionar a ponta dos seus dedos entre os dedos dela. Ela ainda de cabeça baixa e olhos fechados, por fora serena, mas o coração acelerado. Por fim ele mais ousado, fricciona de leve, a ponta do seu dedo indicador, no espaço entre os dedos indicador e médio dela, em suaves movimentos, para cima e para baixo. Tânia lembra-se de que ficou excitadíssima, a ponto de juntar os seus dedos e prender a ponta do dedo dele. E foi uma luta que travou consigo mesma para resistir à tentação, mas conseguiu.

Em seguida, passa a pensar sobre Rômulo. Que ele anda muito estranho a certo tempo, ela não tem dúvidas, mas atualmente parece ter piorado, pois não mas a procura e lhe vem à mente a inquietante pergunta: será que ele tem uma amante? E naquelas viagens que a empresa faz, de três ou quatro dias, em diferentes cidades do país para divulgação do portfólio de seus produtos, em quantas dessas ele pode ter me traído?

E lhe vem à mente as imagens dele com suas feições muito alteradas, em frente ao monitor do computador, a ponto dela lhe perguntar se ele estava passando bem. Será que ele recebia alguma ameaça de uma provável amante?

Ainda com os cotovelos apoiados na mesa, troca a posição das mãos para as orelhas, fecha os olhos, respira fundo e tenta compreender o momento atual pelo qual passa.

Sim, está vivendo uma crise, mas como tudo na vida, ela passa. O problema é conviver enquanto ela dura e para isso é necessário ter inteligência e paciência.

No dia seguinte ao encontro, sua amiga liga e diz que já conversou com o seu amigo detetive. Que ele aguarda um contato dela.

Ela comenta com Tânia que parece, pelo que depreendeu da conversa com seu amigo, que pode ser que Rômulo esteja desconfiado dela e tenha contratado uma empresa de investigação e que tanto o casal do carro, como os dois amigos do restaurante podem ser agentes da operação de espionagem. Já com relação à mensagem do computador, ele não descarta a possibilidade de chantagem.

Tânia agradece à amiga e desliga.

Rômulo por sua vez, alguns dias após o almoço com o seu amigo Arthur, no qual contou sobre o aparecimento da frase no seu computador, se põe a pensar e resolve contratar uma empresa de investigação, para saber se Tânia o trai, pois ela anda muito envolvida com o seu consultório e as consultas online e muito elegantemente vestida.

Ele tem recebido relatórios diários do acompanhamento e neste último, a foto em que um rapaz elegante e lindo, conversa com sua esposa sob um título que diz: estamos acompanhando.

Sente um amargo na boca ao ver a foto e se comparar com o rapaz da foto, muito mais jovem e bonito que ele. A razão sucumbe à emoção e brota do subconsciente, dos arquétipos humanos, a bestialidade.

Após receber essa mensagem, Rômulo resolve ir para casa. Seus pensamentos acelerados não permitem que sua razão floresça e nesse estado alterado é que adentra ao apartamento.

Tânia no banheiro tomando banho, ouve a voz de Rômulo a chamando e responde: tô acabando o banho já vou. E ouve ele retrucar: preciso falar com você.

Tânia conhece o seu marido há muito tempo e pelo timbre da voz, sabia que ele se encontrava alterado e portanto necessitaria de muita paciência e compreensão, quando abrisse a porta daquele banheiro.

Ele se encontra sentado e a sua frente uma taça de vinho, com a garrafa ao lado.

Ele não espera ela sentar-se e lança em sua direção três fotos e pergunta, em um tom alto e agressivo: o que você tem a me dizer sobre isso? Com quem você tá me traindo? No computador de casa e no trabalho, recebi uma mensagem dizendo que eu não amava você, mas na verdade, você é que não me ama. Me explica essas fotos!

Antes de pegá-las, ela olha bem nos olhos dele, como se o desafiasse sobre o que acabava de dizer.

Pega as fotos e responde com firmeza: essas duas primeiras aqui eu não sei, parece que foi quando eu estive no Conselho e essa última aqui foi ontem, quando eu fui no restaurante com a minha amiga do pré-vestibular, que você conhece muito bem, justamente para conversar com ela, sobre o nosso relacionamento.

Não vejo nada demais nessas duas primeiras fotos. Em ambas aparecem o mesmo sujeito, atrás de mim, em locais diferentes.

Nesse instante Rômulo fala: peraí, como você não vê nada demais nas fotos? O mesmo sujeito em dois lugares diferentes, próximos a você, coincidência? Ele é do Conselho? Você conhece ele?

E essa última foto aqui, o que você tem a dizer?

Tânia olha para ele demonstrando calma e segurança e lhe diz: Rômulo eu não traio você, você sim deve me trair. Pode ser que para encobrir suas faltas, o mecanismo de defesa que utiliza, é o de me acusar daquilo que você pode estar fazendo. Isto em psicologia denomina-se projeção.

Essa frase que você viu em casa e no trabalho, eu também vi aqui e lá no consultório e ela me abalou. Eu pensei muita coisa, até em separar-me de você. E como você fez, buscando seu amigo Arthur, eu também fui procurar minha amiga do pré-vestibular, para aliviar o peso da minha cabeça.

A frase dizendo que eu não amava você, quando a vi a primeira vez senti-me balançar, porque ela conduz a um sentimento de dupla interpretação: de trair e de ser traído.

Não traio você, logo só me restava a outra alternativa, a de você estar me traindo.

Pelo seu comportamento atual e também pelo meu, em decorrência do seu, fui buscar ajuda na minha amiga. Ela continua: você apontou o dedo em minha direção, agora vou apontar na sua.

Por que você não me procura mais? Por que anda chegando tarde todo dia? Por que evita falar comigo?

Rômulo conhece sua mulher e a maneira assertiva de agir e pelo modo como se posicionou, não tem dúvidas de que ela falou a verdade, pois as fotos não a incriminam. Resolve se despir do que se passa em seu pensamento e alma.

Conta do aparecimento da frase no seu computador, justamente na época em que ela estava mais envolvida com os trabalhos no consultório e online. E como isto o abalou, a ponto de procurar o Arthur, seu amigo de faculdade. Relata também que ela estava cada vez mais bem vestida e mais bonita, fazendo com que o ciúme dele aumentasse ainda mais. Prossegue dizendo que por ela também não o procurar, aumentava ainda mais a sua inquietação, a ponto de contratar uma empresa de investigação para verificar se ela o traía. Que as fotos que ela viu tinham sido recebidas dessa empresa.

Tânia levanta-se e aproxima-se mais dele quando diz: Rômulo essa companhia que você contratou, está criando um dossiê contra mim. Vou te explicar porquê.

Ela explica que algumas empresas de investigação tem figurantes, que geralmente são bonitos e educados, que são utilizados para tentar flertar com aqueles que são considerados infiéis. A ideia, na verdade, é pegar mais dinheiro do cliente, à medida que fotos mais comprometedoras são disponibilizadas, caso a infidelidade vá se consumando.

Em seguida, Tânia passa a exemplificar com o seu caso: nessas duas primeiras fotos eu fui abordada elegantemente, mas demonstrei desinteresse. Nessa última, me lembro bem como ocorreu. Dois rapazes entraram e sentaram-se em uma mesa próximos a mim, sendo um deles, o da foto, quando fui ao banheiro me seguiu, mas não lhe dei oportunidade e quando retornava à mesa, ele se colocou próximo às minhas costas e tocou o meu ombro, fazendo um elogio. Neste instante, o seu colega da mesa tirou essa foto que você viu.

Tânia continua: se eles não encontram o que estão procurando, no caso a traição ou outro caso qualquer, não querem perder o cliente e esses artifícios são utilizados, para estender o período de assessoria.

Rômulo você tem que entender, que a fase do

amor tesão acabou, estamos vivendo a síndrome do ninho vazio e precisamos cada vez mais ser parceiros, cúmplices e amigos. Sexo sim, mas não deve ser a principal prioridade.

À medida que Tânia falava o coração de Rômulo era renovado, para compreender como aquela mulher era importante na sua vida. E por pouco, por uma simples frase e um estúpido ciúme, quase tem a sua vida destruída.

Ele levanta-se, caminha em direção a ela e com ternura a abraça e beija, dizendo-lhe: Tânia, muito obrigado, te amo. Desculpe o meu tonto ciúme. Se eu fiz alguma coisa errada, isso não mais ocorrerá. Te prometo.

Aquela manhã surgiu bela como há muito não se via. O céu de um azul tão puro, que mais se assemelhava a um extenso sereno mar, servia de cenário aos pássaros, que em voos graciosos circundavam a janela, onde os corpos exaustos dos amantes, revelam a volta do amor ausente.

Capítulo VII

Eros Desmascarado e Preso

Rosângela, diretora da professora Veruska, defronta-se com a mensagem desafiadora em casa. Ela a conduz a profundas reflexões sobre o seu relacionamento com Lúcio, seu marido, que também foi impactado pela frase.

O relacionamento deles teve início durante os festejos de fim de ano. O grupo dela, de professoras, resolveu comemorar o último dia de aulas, em um restaurante que possui música ao vivo. Essa foi uma exigência de algumas delas.

Lá, naquele ambiente de alegria, conversa, cigarro e euforia potencializada pelo álcool, conheceu Lúcio.

A empresa em que ele trabalhava, voltada para publicidade e eventos, havia escolhido também aquele local, para comemoração de mais uma meta alcançada.

A forma como o universo junta e separa pessoas é algo indescritível, não é compreensível, mas faz parte da essência humana.

De quantas pessoas você já se aproximou e se afastou? Todas elas, sem exceção, deixaram marcas em você, e você suas impressões nelas. Fazemos todos, parte dessa imensa teia cósmica chamada planeta, onde o nosso pensar afeta e é afetado pelo pensar maior. Estamos todos ligados.

E a forma de aproximação de Lúcio e Roselândia foi muito interessante. Ela com suas colegas, ocupavam três meses juntas.

As mulheres geralmente são mais falantes, com suas cores e sua alegria contagiam o ambiente; todas ali eram solteiras, incluindo algumas separadas e divorciadas e excluindo-se três que eram casadas.

Aquelas jovens lindas professoras não haviam como não ser notadas, tudo nelas era bonito: cabelo, rostos, peles, suas roupas e a alegria que delas emanava, principalmente após a injeção de algumas taças de chopp.

Lúcio em uma mesa do outro lado do salão, fazia parte de um grupo de mais ou menos 15 pessoas, entre homens e mulheres, que alegremente se confraternizavam também.

Qualquer pessoa desavisada, não conceberia que em meio àquele ruído provocado pelos talheres, conversas e música, eles pudessem se comunicar, como aconteceu.

Os banheiros masculino e feminino ficavam mais à direita, aproximadamente 15 metros da mesa dela e talvez uns 19, em relação ao local em que ele estava sentado.

Ela o havia notado, pois ele parecia ser o

fotógrafo do grupo; de posse de uma elegante máquina eletrônica, era obrigado a interromper o seu chopp, para tirar uma foto de alguém, que o agarrava pelo braço. Que o levava, Indicando o local e como seria a foto que desejava.

Em uma dessas vezes em que foi arrancado da mesa, a jovem que o levou desejava uma foto, em um certo ângulo, que o obrigou a ficar próximo à mesa em que as professoras estavam. Neste exato momento, seus olhares que haviam estado distantes, estavam próximos e foi amor à primeira vista.

Após a foto, Lúcio retorna ao seu grupo e de lá, olha discretamente para o local onde Roselândia se encontra. Ela dissimulada também o observa e se dirige ao banheiro, seguida por Lúcio que a espreitava.

No trajeto, ele utiliza-se de todos os seus atributos de sedução, ao se aproximar dela e dizer: eu gostaria de aprender com uma professora assim.

Pronto, Lúcio conseguiu quebrar a primeira barreira de um encontro: despertar no outro, aquilo que o outro acredita ou pensa existir em seu interior, que o enaltece.

Roselândia, impregnada da sedução feminina que possui por genética, segue na mesma linha do amor quando se oferta e responde: e eu de aprender fotografia.

São lindos esses instantes em que o amor se destaca. Parece que o mundo para ou contribui para o momento; no caso deles, Lúcio e Roselândia, o som que se ouvia era o da banda cover Black Birds, cantando a música Something (alguma coisa) dos Beatles. Sorriram e trocaram telefones, ele através de um cartão e ela abrindo a sua bolsa, escreve em um pedaço de papel, o número de sua casa.

Roselândia, que terminou o curso completo de inglês, no interior do banheiro lê o cartão de Lúcio, ouvindo a parte da música que diz, de acordo com a sua tradução: "alguma coisa no seu sorriso, ela sabe que eu não preciso de outro amor".

Ela não sabe porquê, mas Cupido talvez o saiba, quando sente uma felicidade invadir o seu corpo e feche os olhos de prazer ao som da música.

Após aquele momento de êxtase relê o cartão: Lúcio -fotógrafo profissional- seguido do número do telefone, bem como do endereço e logotipo da empresa em que trabalha.

No dia seguinte, à tarde, a mãe diz que tem um recado para ela e lhe entrega um papel, com o número de um telefone dizendo: ligar para Lúcio. Ela pergunta, quando sua mãe recebeu a ligação e ela confirma que foi em torno das 10 horas da manhã e completa a resposta, comentando que achou a voz da pessoa muito simpática, naquele jeito de mãezona. E continua questionando: é um novo pretendente?

Roselândia sabe que sua mãe é muito espaçosa, gosta de se envolver em tudo, daí adotar certas atitudes, como mantê-la fora de sua vida, principalmente amorosa.

Como forma de se blindar contra essas Invasões inoportunas da mãe, responde: Lúcio é um vendedor de carimbos, está doido para eu comprar uma nova coleção de animais recém-lançada. Parece que isso foi o suficiente para interromper qualquer outra pergunta que a mãe ousasse fazer.

Pega o papel oferecido pela mãe e indaga qual foi o recado que ele deixou. A mãe responde que ele foi muito lacônico, mas simpático e pediu para que você ligasse para ele, só isso.

Rô aproveita uma hora que sua mãe se ausenta e liga para Lúcio.

A primeira ligação que marca o início de uma relação amorosa, tem o seu valor pela impressão, que ela deve produzir em cada um dos parceiros.

Roselândia ao ligar, sente uma certa emoção e busca palavras na mente, de como começar essa ligação. Após discar, escuta o telefone chamar e do outro lado, uma voz masculina atender. Ela não teve dificuldade em identificar que era Lúcio e diz, procurando manter serenidade em suas palavras: oi Lúcio, tudo bem, aqui é Roselândia.

Ele responde: Ô Roselândia, que bom você ter ligado, fiquei feliz.

E aquela ligação, prevista inicialmente de ser no máximo dois minutos, estendeu-se a aproximadamente 30 minutos.

À medida que falavam e se identificavam, mais assuntos surgiam. Marcaram um encontro, depois outro, mais outros e assim o amor foi acontecendo, ao seu jeito, com seus altos e baixos e desdobramentos.

Lúcio era fotógrafo profissional de uma

empresa produtora de eventos e publicidade, que possuía em seu portfólio canais de televisão e alguns órgãos públicos.

Produziam desde folders para apresentação de produtos, bem como catálogos para apresentação de produtos de empresas, com o uso de seus modelos. Confeccionavam também pequenas filmagens, quando solicitadas por canais de TV.

Muitas vezes durante o tempo de namoro, Lúcio não podia comparecer, pois estava fazendo filmagens pela empresa, em alguns canais de TV.

Com a evolução do tempo, Roselândia percebeu que às vezes, Lúcio parecia ter uma alternância de mudanças de comportamento, sem explicação. Em determinado momento estava alegre e conversando; em outro, querendo resolver tudo, demonstrando uma energia incontida, seguido de um modo agressivo.

Brigaram muitas vezes, por essa alternância de modos que ele possuía e que ela criticava, dizendo para ele procurar um médico, que não é normal a pessoa variar assim: uma hora está rindo e outra agressivo. Que ele devia buscar um psiquiatra.

Ele teimoso insistia com ela, dizendo que isso talvez, fosse um efeito colateral, provocado pela tensão gerada pelo emprego, pois surgiam muitas empresas concorrentes e o trabalho o exigia muito.

O tempo revela tudo e assim aconteceu com Lúcio. Roselândia descobriu que ele era usuário de drogas, ao encontrar na sua mochila, um envelope pequeno, com algo branco, tipo açúcar, em seu interior.

Lúcio indagado sobre o que era aquilo, não tinha como negar. Respondeu que o seu colega Tufi, pediu para ele guardar, até amanhã, pois sua mãe dá uma vistoria completa nele e na sua mochila, quando ele chega em casa. Que ele fez isso, para preservar a amizade do amigo.

Roselândia acreditou no que Lúcio disse, mas restou uma leve desconfiança em sua mente. Ela se indagava se era o seu desejo de continuar o namoro com ele, que a fazia crer naquela história. Ficou a partir daquele dia, cismada.

Ela pensou em conversar com uma colega sua, sobre o que tinha visto no bolso de Lúcio e da variação de seu comportamento, mas achou mais prudente não falar; poderia ser mal interpretada, pois há muito pré julgamento, em questões ligadas a drogas.

Ela percebe como as famílias que têm problemas com drogas são discriminadas. Parece que elas possuem algo similar àqueles contaminados pela lepra, que eram condenados ao afastamento da sociedade. Ela não quer isso para si. Pensava: o que eu vou fazer para descobrir, se ele realmente está usando?

Roselândia passa a observar melhor a conduta de Lúcio, desde a hora que chega a sua casa, até a hora em que vai embora.

Nota que, às vezes, ele chega cansado e desanimado, após lavar o rosto parece ser outro, mais alegre e dinâmico. Outras vezes, mesmo lavando, continua como se estivesse deprimido. O que ela tem notado, é que ele não tem apresentado uma estabilidade emocional constante. Pelo menos, durante as três ou quatro horas que ficam juntos. Isto a preocupa.

À medida que o tempo passa, ele tem se tornado muito agressivo, a ponto de arremessar os dois cadernos dela, contra a parede, porque não concordou com o que ela disse. Ela se assustou.

No dia seguinte, ele retorna arrependido, pedindo desculpas e que isso não vai mais acontecer, promete.

O tempo transcorre e apesar das discussões e separações, eles ficam noivos.

Uma das separações ocorreu, porque ela descobriu que ele estava de caso, com uma funcionária de sua empresa. E uma outra vez, em que uma de suas colegas avisou-lhe, que ele estava se engraçando, para uma amiga dela.

O casamento é marcado para quatro meses depois da última confusão. Nesse período quase tudo é relevado, não há tempo para divergências e quando ocorrem, são superadas; o período é envolvido em planejamentos, compras, aluguel de apartamento e etc.

O casamento acontece e eles passam a morar juntos. O famoso período denominado "lua de mel", para ela não existiu. Ela confirma, porque já tinha dúvidas, que Lúcio é usuário de cocaína, ao encontrar a droga, escondida entre seus materiais de fotógrafo.

Ele havia saído, para comprar alguma coisa e quando retorna, ela o aborda, com o pacote da droga em sua mão, perguntando: isso aqui, que que é isso aqui, não vai dizer que tá guardando para um colega seu?

Ele sem jeito, fala: é meu, eu que usei, mas eu não vou usar mais. Você é muito mais do que tudo isso, acredita em mim, meu amor, te prometo, não vou usar mais.

Ela responde: você vai parar, tudo bem, mas isso aqui, vai para o vaso e atira o pacotinho dentro do vaso, sob o olhar incrédulo dele.

Duas ou três semanas após o ocorrido, Lúcio comenta com Roselândia que os funcionários criaram um time de futebol e que os jogos serão aos sábados. Ele a convida, mas ela agradece e diz que só irá, se outras mulheres também forem. Para que ele avisasse, quando outras sinalizassem o desejo de assistirem ao futebol. Mas pelo jeito, nenhuma mulher foi prestigiar o jogo, pois Lúcio não lhe deu nenhum retorno. Ele passou a ficar muito ligado no futebol e não retornava em torno das 13 horas, como sempre fizera. Passou a ser comum, só retornar, por volta das 18 horas. O ápice ocorreu, com ela super preocupada, ele aparecendo às 22 horas da noite. Explicou que foi uma partida de decisão e o time dele ganhou. Foram comemorar e ele não ligou, porque a bateria do seu telefone havia se descarregado. Ela ligava para ele, mas o seu telefone sinalizava desligado, o que a preocupava ainda mais.

Ele chegou um pouco alterado e houve uma

forte discussão entre eles. Ela desceu e ficou no jardim, para se acalmar. Quando voltou, ele estava dormindo.

As brigas retornaram ao tempo de namoro e noivado, com alterações de suas maneiras. Neste mesmo período, algumas ligações que ela atendeu, o simples ato de responder alô, era o suficiente, para o outro lado desligar. Isto a intrigava.

Parece que o vírus, que se abateu sobre o país, influenciou os empregos na área de seguros. A companhia dele foi incorporada e um enorme número de funcionários foi demitido, incluindo ele.

Ela desconfiada da conduta de Lúcio que se intensificou, após sua demissão, começou a procurar alguma droga, nas suas coisas, mas felizmente não encontrou nenhuma.

O comportamento dele continua se modificando, para pior. Algumas amigas de Roselândia diziam, que ele era sempre visto, próximo à escola, como se a estivesse vigiando. Ela o abordou e ele alegou que estava tentando reencontrar alguns contatos, naquela área, para trabalho.

Ela ficou mais aflita e temerosa, quando soube por um de seus alunos, que seu marido estava frequentando a comunidade, onde ele morava.

Em função das atitudes de Lúcio e das agressões verbais e físicas sofridas, bem como da sua presença, perto da escola e de sua visitação à comunidade, Roselândia resolve buscar ajuda, de um advogado da família. Conta-lhe tudo o que está ocorrendo, sem omitir nada.

Ele a instrui, sobre os cuidados que ela deve ter, com sua segurança física e como agir, caso ele volte a agredi-la. Não passaram 10 dias, quando algo muito triste aconteceu: Lúcio tentou matá-la.

Eles estavam discutindo de maneira civilizada, quando ele começa a questioná-la, em tom alto, dizendo: acho que você está me traindo, com aquele diretor da CRE, que tá sempre ligando, de noite, pra você. Eu não sei não, mas aquela vice-diretora também, vocês têm um caso.

Você é muito puta! E pior, ainda é lésbica. Sua filha da puta!

Após dizer isto, partiu para cima dela com uma faca na mão.

Ela correu e contornou a mesa. Ele esticou o braço e passou a faca no seu antebraço, fazendo o sangue jorrar.

Ela foge em direção à porta, pega um jarro e o arremessa contra ele. Isto o retarda. Ela alcança a porta, a abre. É o tempo suficiente para ele vir com a faca e atingir as suas costas. Ela bate a porta e o deixa trancado por dentro. As chaves já estavam em sua posse, conforme as orientações do advogado. Os ferimentos que possui não são graves. Ela liga para o advogado e para a polícia; ambos chegam, quase que simultaneamente.

Lúcio é preso em flagrante e condenado por tentativa de feminicídio. Roselândia entra com processo para pedir seu divórcio litigioso.

Capítulo VIII

Ciúmes Aéreos

Marcelo após um dia fatigante de trabalho, que lhe exigiu elevada dose de perseverança, consegue com o gerente Michael fotografar a mensagem e se dirige ao estacionamento. No percurso não muito grande, segue pensativo com o aparecimento da frase no computador de Arthur e todo seu desdobramento. Da sua preocupação com a esposa, de descobrir o seu caso extra com a gerente de RH.

Isto o faz lembrar-se do seu relacionamento com Dionísio, seu parceiro, que passa muito tempo fora do apartamento. Que ele precisa se acostumar, mas que tem sido muito difícil. Que os momentos que ficam juntos são muito curtos, pela profissão de Dionísio, que é comissário de voo. Ele acha isso muito chato.

Liga o carro e simultaneamente aciona o seu arquivo preferido de rock.

Ao som de "The Sky Is Crying" (o céu está chorando), de Gary B.B, Marcelo dá vazão às suas preocupações: que tipo de vírus é esse, que se torna invisível perante os antivírus? O vírus é capaz de captar conversas e se auto programar, como ele faz isso? Seria ele, o vírus, o resultado do uso da Inteligência Artificial, por hackers? São muitas dúvidas que lhe ocorrem, mas infelizmente não consegue encontrar um elo, que tranquilize a caudalosa correnteza, que se transformou o seu pensamento.

Durante o trajeto, nesses aproximadamente 40 minutos, do trabalho até a sua casa, ele elenca uma série de atividades, que deverá executar para descobrir, como atacar o problema do vírus. Chega em casa e a primeira coisa que faz, é abrir a geladeira, pois está faminto.

Acesso à porta do compartimento de frios e seus olhos perscrutam seu interior. Sua boca enche-se de saliva, ao perceber o pacote de salame italiano apimentado e o pedaço de queijo branco, na vasilha transparente. Ligeiro, pega os dois e os coloca sobre a mesa. Abre o salaminho e retira duas fatias que leva rapidamente à boca. Em seguida, corta uma fatia de queijo que também é levada à boca, com avidez. Enquanto mastiga, sentindo o prazer da degustação, lembra-se que nem sequer lavou as mãos, mas isso não é importante para ele, naquele momento de deleite. Abre o pacote de pão integral com 12 grãos, retira duas fatias e as enxerta com salaminho, queijo branco e tomate.

Com o sanduíche à mão, caminha até o notebook e o liga. Neste instante, lembra-se de que precisa pegar algo para beber. Volta à cozinha e abre uma garrafa de mate com limão, para encher o seu copo preferido, que é um pouquinho maior que os demais.

Com o copo em uma das mãos, se aproxima do notebook. Seu corpo sofre um certo descontrole no caminhar, ao perceber nele a mesma imagem observada na empresa: "VOCÊ NÃO AMA SUA ESPOSA".

Apoia o copo sobre a mesa do notebook, ao lado do sanduíche que havia deixado ali e fixa o olhar sobre a mensagem.

Leva a mão à boca, com seus dedos contornando o queixo e tenta entender o que está ocorrendo. Seu raciocínio, a princípio, é lógico, mas à medida que as possibilidades vão sendo preenchidas, sem uma resposta plausível aparente, ele passa a sofrer interações emocionais.

Revê seus conceitos de criptografia, de algoritmos e nada é capaz de explicar o comportamento do vírus, ali a sua frente, o provocando.

Como se lesse o seu pensamento, a frase subitamente desaparece da tela. Ele olha para o monitor, onde estão projetados os ícones dos programas e sente um vazio e uma sensação de impotência. Não sabe quanto tempo permaneceu ali, de frente para o abismo, representado pela frase, tentando entender o tipo de adversário que estava enfrentando, porque na hora em que pegou o copo com o mate, ele não estava mais gelado.

Naquela mesma posição, como estava, fez o

seu lanche, sem sequer saboreá-lo, pois sua mente viajava, preocupada com o inimigo por trás da mensagem.

Levanta-se e vai até à cozinha, onde lava seu copo e o deposita no aparador de talheres.

De volta ao notebook, relembra-se de uma série de fotos de Dionísio, com um grupo de pessoas, alguns dos quais são comissários de voo, conhecidos seus. São imagens referentes à Nova York, onde ele se encontra, após comissionar voo para lá. Parece ser um local de festas, muito amplo e de bom gosto. Ele no fundo, sente inveja de Dionísio, pela vida que ele leva. De saber aproveitá-la, bem ao contrário da sua, que é regrada por limites impostos pelo tipo de trabalho desenvolvido.

Ao chegar ao notebook, na frente da tela, os dizeres reaparecem: "VOCÊ NÃO AMA SUA ESPOSA" . Aos olhos e imaginação dele, parece que piscam. Será que a mensagem existe e reluz mesmo ou será produto de minha imaginação? Se pergunta.

Marcelo de frente para o monitor, pensa sobre o porquê da frase. E relembra-se das feições preocupadas do seu amigo Arthur ao procurá-lo.

Qual seria o poder que essa frase exerceria sobre ele, se não tem dúvidas, de que ama Dionísio? Mas ao mesmo tempo, lhe vem a indagação: será que ele me ama, da mesma forma?

Seus pensamentos se aceleram, como cavalos selvagens em disparada, uns ultrapassando os outros, em uma corrida inesperada. Imagens se formam e se desvanecem em segundos, nas quais aparece Dionísio, com seus dentes brilhantes, num sorriso lindo, cercado de amigos e amigas. Ele sente um pouco de ciúmes e um travar na boca.

Sem perceber, abre o seu arquivo mental e tem acesso às fotos que Dionísio tem lhe enviado ultimamente. Em todas ou quase todas, tem a impressão de ver o mesmo amigo, bem próximo dele. Sente sua boca levemente seca ao constatar este fato.

Levanta-se e vai até a janela para oxigenar sua mente e acalmar seus pensamentos. O ar úmido da noite, favorecido pela presença de árvores, age como um bálsamo. Aos poucos, sente suas preocupações desacelerar e toda aquela emoção aparentemente ser removida, dando espaço à razão, tão comum ao seu espírito.

Dionísio por sua vez, na noite em que ficou de folga em Nova York, foi visitar sua amiga comissária Carol, que trabalha em uma companhia americana.

À noite, por sugestão dela, foram jantar no centro nervoso de Manhattan, na Times Square, na Rua 43, no restaurante Brooklyn Diner.

Ao retornarem, ela abre uma garrafa de vinho Pinot Noir e pede que ele sente próximo a ela, pois deseja lhe mostrar umas fotos, que ele ainda não viu, nas quais tem imagens, do seu último caso de amor. Liga o notebook e acessa o arquivo de fotos e passa a comentá-las.

Dionísio concorda que o rapaz é bonito e ela responde rindo, com uma sonora gargalhadas e diz: muito fresquinho, parece que foi criado com vó. Dá uma e vai dormir, roncando, kkkk.

Em seguida, ela acena que vai trazer uma surpresa para ele e se encaminha em direção à cozinha. No curto intervalo de tempo, em que ela termina a frase e se vira, aparece a seguinte mensagem, frente aos olhos de Dionísio: "VOCÊ NÃO AMA SEU ESPOSO".

Ele olha a frase, coça os olhos e não entende o que está ocorrendo.

"VOCÊ NÃO AMA SEU ESPOSO" é a frase que resplandece, à frente de seu incrédulo olhar.

Ele vira o seu corpo em direção a cozinha e chama por sua amiga, pedindo para ela vir rápido.

Ela retorna, em passos rápidos, trazendo em uma das mãos, dois tabletes de chocolate suíço, amargo, com 60% de cacau.

Ao se aproximar dele, pergunta: o que foi que aconteceu?

Antes de responder, ele olha para o notebook e vê que a frase sumiu. Ele diz: você não vai acreditar no que estava escrito aqui na tela. Quando você foi à cozinha, apareceu uma frase aqui dizendo o seguinte: "VOCÊ NÃO AMA SEU ESPOSO". E agora, quando você voltou, ela sumiu. Porra, eu não bebi tanto assim, que caralho é esse?

Ela o escuta, olha para tela e não vê nada; sugere para ele o seguinte: eu vou à cozinha novamente, para ver se ela reaparece.

Ela se retira, retorna e nada da frase ressurgir.

Dionísio com seu jeito único e característico, de enfrentamento de situações difíceis, sugere que ela traga mais uma taça de vinho, para ele entender melhor o que está acontecendo. Carol traz mais uma garrafa de vinho, dessa vez italiano e duas taças. Ao servir diz: vamos beber esse vinho italiano, nessas taças de cristal fino, porque essa porra de notebook vai fuder a nossa vida.

Vira-se para Dionísio e pergunta: tu viu essa frase mesmo?

Claro, eu não tô maluco, a filha da puta ficou piscando, me forçando a ler!

Em seguida, vira-se para Carol e diz: Isto pode ser um aviso espiritual. Ou eu ou o Marcelo, estamos perto de cometer algo errado, se já não cometemos.

Dionísio olha para sua amiga confidente e comenta: eu tenho achado o Marcelo meio estranho, ultimamente. Será que ele anda me traindo? Ele tem um assessor lá, chamado Michael, que é o seu Gerente de TI. Pelas fotos, ele é gay e Marcelo tem falado muito dele, em razão de um vírus que apareceu lá na empresa. Vou ficar mais atento nele. Homem é pica né, você sabe.

Ela responde: não ponho a mão no fogo por homem nenhum, mas eu não acho que ele traia você. Você sim, eu acho com mais facilidade de trair, do que ele a você. Dionísio eu te conheço, há muito tempo, você é muito galinha. Ele dá uma sonora gargalhada, uma ajeitada no cabelo, cruza as pernas e faz pose. Segurando elegantemente, a taça de cristal fino pela haste, saboreia aquele prazer vermelho escuro. Há um certo brilho de satisfação e felicidade em seu olhar ao ouvir sua amiga.

Ainda com a taça na mão, vira-se para ela, descruzando as pernas e dobrando o tronco para a frente diz: eu preciso te contar um babado.

E narra o que aconteceu quando a mãe do Marcelo, moradora de uma grande cidade do interior, resolveu visitar o seu filho: a mãe não sabe que o filho é gay e acha que eu sou o seu grande amigo de faculdade e que moramos juntos, para juntar grana.

Marcelo foi buscá-la no aeroporto. Ele havia tirado três dias de folga: quarta, quinta e sexta, justamente para emendar com o sábado e o domingo do fim de semana, para ficar mais tempo com ela. Eu cheguei no dia posterior ao da vinda dela.

A coitada é lá do fim do interior do mundo e ficou maravilhada com tudo que via em nosso apartamento, desde os tipos de comida até a Alexa. Essa então, deu um nó, na cabeça dela.

Marcelo ensinou à mãe, como operar; a velha adorou.

Só usou duas funções: saber sobre piadas e sobre o tempo.

Outro registro importante foi o que o Marcelo me contou: de que a mãe ao sentar-se em uma das caminhas de solteiro, virou-se para ele e disse: que caminha dura meu filho, sem saber que seu filho dormia em uma cama Queen, de molas.

Tive que fazer uma operação de guerra, do cacete, para trocar a cama de casal que usamos, por duas de solteiro. Uma amiga e um amigo, cada um me emprestou uma cama de solteiro e eu levei a minha de casal, para a casa de um outro amigo.

Dionísio finaliza o seu relato, contando que o máximo que ocorreu foi o fato da mãe do Marcelo perguntar quando eles vão levar as namoradas lá, para ela conhecer e pedir para ele arranjar uma namorada para o seu filho, que ela acha muito tímido.

Suas palavras finais foram: essa foi do caralho, velha filha da puta, querendo que eu arrume uma namorada pra mim e uma namorada para o filho dela! Vai se fuder!

Enquanto Dionísio diverte-se com a amiga Carol, Marcelo enfrenta uma terrível guerra de sentimentos, promovida pelo ciúme que ele sente de seu parceiro.

Apesar do ar úmido da noite ter contribuído para serenar a sua mente, as imagens insistem em retornar. Lá está Dionísio, entre amigos e amigas, todo sorridente, reaparecendo em um ritmo frenético.

Ele tenta freá-las, mas o que consegue é muito pouco. Ele derrotado, resolve deixá-las fluir, para ver aonde elas o levarão.

E sua imaginação o transporta, até o dia em que conheceu Dionísio.

Ele havia se deslocado para a maior cidade brasileira, São Paulo, a fim de participar de uma feira de negócios, promovida por sua empresa.

Na chegada, no trajeto do avião para o portão de saída notou que a sua frente um jovem, puxando uma maleta.

Marcelo teve a impressão de que ao olhar para ele, o mesmo rapidamente desviou o olhar, mas ainda assim, percebeu que ele possuía uma beleza diferente.

Continuou caminhando e observando, o modo como o rapaz manuseava a mala, para se desviar das pessoas. De repente, ele olha para trás e sai do fluxo de pessoas e se dirige à cafeteria do aeroporto. Marcelo o segue, saindo do fluxo também. Alguma coisa, como algo magnético, fez com que ele seguisse aquele jovem e não sabe até hoje, como foi conduzido àquele balcão, onde a mala amarela estava.

Propositalmente, colocou a sua mala junto, bem juntinho, quase colada a dele.

O belo jovem, dono da mala, que se apresentou como Dionísio, deu um discreto olhar em sua direção, que foi prontamente captado por Marcelo.

Ninguém tentou disfarçar e os olhares se encontraram. O amor dava os seus primeiros passos, naquela manhã de primavera.

Marcelo se adiantou, olhando para ele e a mala, falou: não sei quem é mais bonito... e deu uma parada na frase. Dionísio, perspicaz, captou a mensagem e respondeu: claro que é a mala. Marcelo se desloca até ele e diz, quase que sussurrando: você é muito bonito, eu queria ser essa mala, para ficar juntinho de você.

Dionísio responde: você ia se arrepender, porque eu "pinto e bordo" com ela. E dá um sorriso aberto e cativante, mostrando uns dentes claros e brilhantes, emoldurados por uma pele suave, como jasmim. Pronto, o caminho estava aberto e a conversa entre eles transcorre de forma agradável, regada por chopps, surpreendentemente gelados.

Marcelo descobre que Dionísio é comissário de voo e trabalha na empresa Xflight. Que ele chegava de um voo internacional, do aeroporto de Fort Lauderdale, nos Estados Unidos. Estava muito cansado, depois de uma viagem de 9 horas e ainda teria que pegar um outro voo, para retornar a sua residência.

Marcelo explicou que ficaria três dias em São Paulo, por conta da feira de negócios. Trocam cartões, isto é, ele dá o seu de Diretor de TI, e Dionísio seu telefone. Se dirigem para o portão de saída. Deslocam-se do fluxo de pessoas, após ultrapassar a saída. Dionísio sinaliza que seguirá à direita, de forma oposta a Marcelo, que se dirige ao ponto de táxi. Dionísio segue para acessar o embarque para sua casa, enquanto Marcelo parado o observa. Já quase no final da pista, Dionísio para e olha para trás. Nesse instante o encantamento se deu; ele lança um beijo para Marcelo que faz um gesto, elevando o braço, com a palma da mão aberta, como se estivesse aparando o beijo no ar. Em seguida, retrai sua mão, como se depositasse o beijo em seus lábios. Beija a ponta dos dedos e em um movimento de expansão do braço, devolve o beijo.

Quando começaram a namorar, Dionísio morava em um bairro a uma quadra da praia; local para ele ideal, pois ficava próximo ao aeroporto. Quantos mais encontros ocorriam, mais aumentava a vontade de ficar juntos, como acontece no amor.

E aos poucos, foi que Marcelo percebeu, que já morava com Dionísio, pois foram tantos os fins de semana em que ficou lá, que não notou que não estava mais voltando para o seu apartamento.

Dionísio quase não para no apartamento, por possuir fluência em três línguas, inglês, italiano e chinês, é deslocado para cobrir os voos internacionais, para os Estados Unidos, China e Itália.

Marcelo nota que Dionísio tem uma certa facilidade para as bebidas. Quando estão juntos, quando ele vai para a cozinha, preparar uma comida, a primeira coisa que ele faz é abrir uma garrafa de vinho ou uma lata de cerveja. Há uma razão de proporcionalidade, entre o tempo de cocção e o número de bebidas ingeridas. Quanto maior o tempo de fogão, maior o número de garrafas e latas vazias.

E como o álcool é um estimulante nas primeiras horas e deprimente nas demais, estes efeitos eram observados no comportamento de Dionísio.

No início, logo que abria uma bebida qualquer, nos primeiros goles, ele era muito divertido; contava casos pitores, ocorridos no avião, as intrigas dos colegas e como estava lidando com o novo chefe. Algum tempo depois, havia uma mudança gradativa, na forma como se expressava, demonstrando uma queda na alegria e um certo teor de implicância, salpicado de ironia. Muitas vezes, seus comentários, embora não diretos, atingiam plenamente Marcelo.

E ao fazê-los, olhava para Marcelo, para ver a

sua reação; como se ele tivesse prazer, em observar no outro, o incômodo provocado pelo poder das suas palavras.

Marcelo, por temperamento, por comodismo e também por saber que não pode mudar o outro, nessas ocasiões, olhava para ele com serenidade no olhar, tentando lhe dizer: você está ultrapassando, o limite da nossa convivência.

Depois de rememorar, com saudade e alguma frustração, todo o passado em relação a Dionísio, as imagens dele ressurgem, justamente aquelas em que Marcelo chegou a sentir ódio, pelo comportamento do seu companheiro. Aquelas em que ele parece se oferecer a outros homens. Seus dentes chegam a ranger, ao lembrá-las.

Rememora as palavras de Dionísio quando o conheceu, ao dizer que ele iria se arrepender, se quisesse ficar junto a ele. Que ele "pinta e borda" com a mala, por andar juntinho dele. Será que eu estou sendo tratado igual a mala agora? Se pergunta.

Marcelo percebe que algo muito estranho está ocorrendo com ele e tem medo do que possa acontecer. Seus pensamentos são muito negativos e de vingança.

Dionísio no avião, de volta para seu apartamento, vem estruturando mentalmente, como se portar, para descobrir se Marcelo o está traindo. Uma de suas ideias é observar o notebook dele, pois há troca de muitos arquivos de trabalho, que segundo ele, são mais fáceis de serem lidos, em uma tela maior. Pode ser que ali, seja um canal de troca de confidências, entre ele e Michael.

Chega em casa cedo, por volta das duas horas da tarde e dá prosseguimento ao seu plano.

Pega o notebook que estava no canto da estante e o leva para a mesa da sala. Antes de abri-lo, já com a senha de acesso na cabeça, um lampejo de ideia surge: ele sabe que Marcelo é Diretor de TI e seu notebook deve ser cheio de armadilhas. Desiste desse pensamento preliminar. Resolve usar o seu bom senso, de espreita, para interpretar as reações dele, frente às situações do dia a dia.

Marcelo no caminho, do estacionamento ao seu apartamento, ainda traz resquícios de lembranças de seus últimos pensamentos, dos quais ele não gosta, pelo lado negativo que representam.

Abre a porta e nota que Dionísio já chegou, pela sua mochila deixada na cadeira.

Também se libera da sua, colocando-a ao lado da outra, e fala, em um tom, entre médio e baixo: amor, já cheguei.

Ouve a voz de resposta, de Dionísio, dizendo: ah, que bom, estou aqui no quarto, acertando as nossas roupas. Marcelo vai até lá, trocam carícias e ele senta-se ao lado dele, na cama.

Alguma coisa está diferente e Marcelo não sabe o que é. Percebe que Dionísio está menos falante e expansivo, em alegria. Ao mesmo tempo em que observa isto, reflete se não é a sua condição mental de desconfiança, que o habilita a pensar assim. Teme que seus pensamentos estejam certos.

No outro extremo da cama, dobrando roupas, Dionísio, internamente, se encontra em um verdadeiro processo eruptivo. Sua intuição mais aguçada, captou uma energia diferente entre eles. E raciocínio: será que ele está me traindo?

Ambos são habilidosos em reverter situações e rapidamente mudam aquele início angustiante do ambiente. Dionísio levanta-se e diz que vai preparar um suco e Marcelo o abraça e juntos vão para a copa.

À noite, ele liga o seu notebook, sem perceber que Dionísio o observa do seu quarto. De lá, vê como as feições de Marcelo se alteram, ao ler o monitor e pensa que ele deve estar vendo mensagens do Michael. Isto o desequilibra.

Marcelo vai ao banheiro e rápido, Dionísio desliza até o seu notebook e ao se aproximar, a tela muda e apresenta a frase que ele já conhece: "VOCÊ NÃO AMA SEU ESPOSO". Que porra é essa, caralho! Ele exclama.

E volta para o quarto, com a cabeça latejando, seus pensamentos à velocidade da luz o incomodam.

Marcelo retorna do banheiro que havia buscado, para aliviar a onda de ideias ao ler a frase novamente. Dessa vez, ela ocupou diversos espaços da tela, como se fizesse questão de ser fixada.

Ele não sabe explicar o motivo, pelo qual as fotos de Dionísio, que ele mais odeia, são as que aparecem com mais frequência, na sua cabeça, provocando um misto de ódio e vingança, no seu juízo.

O fluxo de ideias negativas é ininterrupto. Ele acredita que Dionísio, por ser proprietário do apartamento, não tem mais interesse em ficar com ele e por isso o trai. Suas últimas viagens internacionais têm sido longas e seu modo já não é o mesmo.

Na hora do jantar, Dionísio serve salmão, feito na brasa. Nem a fragrância dele, aumentada pelos temperos, foi suficiente para aquecer aquele ambiente frio, provocado pela energia produzida por ambos.

Trocam as mínimas palavras necessárias para se comunicar. A certa altura, Marcelo encara Dionísio, com olhar de ódio e diz: por que você tá me traindo, seu galinha?

Dionísio responde: você é que é galinha, que me trai com aquele viado magro, do Michael.

Marcelo já alterado, grita para Dionísio: enfia esse apartamento no cu, seu filho da puta!

Dionísio levanta-se rápido e grita: fora daqui, aqui é minha casa. Vai gritar com a puta que te pariu! Com gente da tua laia, comigo não!

Marcelo parece não ter ouvido nada e parte para cima de Dionísio, que sai correndo pelo corredor, gritando socorro com o Marcelo atrás. Dionísio tropeça e cai e Marcelo se joga sobre ele. O segurança do prédio ao ouvir os gritos, corre e salva Dionísio da fúria de Marcelo, que deixa marcas no pescoço dele.

Eles são conduzidos à delegacia; Dionísio vai à exame de corpo de delito e Marcelo para autuação.

Capítulo IX

A Pitonisa Laksmith

O Presidente, após reunião com seus presidentes de refinarias e ouvir deles os relatos a respeito da mensagem, e de como elas os impactaram, solicita que Jonas vá até a sua sala. Expõe para ele, que a frase também apareceu em sua casa, sem entrar em muitos detalhes, por não possuir intimidade suficiente com Jonas, para relatar o que tem ocorrido com ele. Diz que seus pensamentos não são bons e pede sugestões, do que fazer em relação ao computador.

O presidente cujo nome verdadeiro é Antônio Francisco Hendrix, conhecido como Hendrix na empresa, não gosta dos seus dois primeiros nomes e em sua assinatura consta A.F. Hendrix. Ele se encontra no terceiro casamento e possui três filhos, um de cada relacionamento.

Sua atual esposa Daniela, de trinta e oito anos, o presenteou com uma linda menina, agora com seis anos, que muito os envaidece. Ele herdou dos traços genéticos de seu avô, de sangue holandês, os belos olhos azuis, emoldurados por uma face de ângulos fortes, denotando a sua origem europeia. Hendrix possui 63 anos e 1,80 m de altura, distribuídos em 87 kg, obtidos por treinamento, com personal trainer duas vezes por semana. Sua presença física é agradável. Um belo homem.

Daniela, sua esposa, uma loira alta, olhos muito verdes e brilhantes, pele suave e gestos delicados é uma figura impactante. Braços suavemente definidos e um corpo lindo, principalmente suas pernas e seios, com ajuda de muitos exercícios, três vezes por semana. Formam um belo casal, embora ele tenha quase o dobro da idade dela.

As formas como as pessoas são atraídas para um relacionamento escapam à compreensão humana. Hendrix e Daniela são exemplos significativos desse mistério.

Dois anos após o rompimento de seu último relacionamento, Hendrix sentindo-se perdido, sem um foco e com imenso vazio interior, decide fazer o Caminho de Santiago de Compostela. Um amigo seu o aconselhou; ele o havia modificado de forma extraordinária. O ajudou a encontrar, dentro de si, as respostas que ele tanto ansiava.

Sentia-se um novo homem, mas alertou: a caminhada é puxada, é dura, extenuante.

Caminhar de 20 a 25 Km por dia, sob sol quente ou chuva, com uma mochila pesada e botas, não é para iniciantes.

Alerta que é preciso submeter o corpo a um

treinamento, no mínimo, de uns 4 a 5 meses anteriores à partida. A caminhada deixa marcas profundas no corpo e na alma!

Daniela por sua vez, no mesmo período, dois anos após ter sido aprovada, por concurso público, como bibliotecária da melhor universidade do país, termina seu relacionamento de quatro anos com seu parceiro, por traição, dele com a sua nutricionista.

Ela precisou de tratamento psiquiátrico, para lidar com a dor da separação e um dos seus terapeutas lhe sugeriu fazer o Caminho de Santiago. Que ele iria ajudar muito na sua temperança espiritual.

Hendrix conversou com personal trainer sobre a caminhada, para saber como se preparar, para obter a melhor performance na sua execução. Assim que iniciou a sua pesquisa sobre o Caminho de Santiago de Compostela, descobriu que existem várias rotas, pelo menos cinco, para atingi-lo: o francês, o inglês, o português, o do Norte e o caminho primitivo. Cada um deles com suas particularidades e distâncias a percorrer.

O maior deles, o tradicional Caminho de Santiago de Compostela, também conhecido como caminho francês, tem 800 Km. Hendrix analisou os percursos e escolheu o Caminho Português da Costa, em função dos seus 245 Km e das duas semanas, que ele dispunha para percorrê-lo. De acordo com suas convicções, duas semanas isoladas do mundo seriam importantes para o encontro do seu eu interior. Ele envolveu-se de corpo e alma no seu objetivo de encontrar a si próprio, nessa caminhada. Sabia dos desafios a serem enfrentados, com os seus monstros, mistérios e suas indagações, existentes no interior de cada ser humano, que busca aventurar-se nos labirintos da psique.

Ele pretende fazer o seu inventário pessoal. Mexer em assuntos desagradáveis, que estão adormecidos, por conveniência ou temor, do que eles possam vir a provocar.

Hendrix traz em seu peito muitas mágoas, de pessoas que magoou, muitas sem sequer sabê-lo; de perdões que ficaram presos na garganta, sem emissão do som, para aqueles que deveriam recebê-los. Por outro lado, como em um sistema em equilíbrio, ele possui muitas virtudes como lealdade, bondade e um elevado senso de justiça, que em alguns casos, chegam a prejudicá-lo.

Paralelo à preocupação interna que exercia grande influência, Hendrix agia como excelente gestor, administrando a compra de materiais e equipamentos, necessários ao desafio da caminhada, que ele passou a denominar de "A Travessia da Vida".

E assim, os materiais começaram a chegar como: mochila, bota, meias, saco de dormir, remédios, chapéu, canivete, lanterna, capa de chuva e uma infinidade de pequenos itens.

Daniela por sua vez, um professor da faculdade, adepto de escaladas e trekking, que alimentava um certo amor platônico por ela, incumbiu-se da compra do seu material da caminhada.

O universo, sempre com suas "coincidências", fez com que Hendrix e Daniela se encontrassem no mesmo hotel, em Lisboa, oferecido pela agência responsável por guiá-los no caminho. Eles faziam parte de um grupo de nove pessoas: dois casais, duas mulheres e três homens.

Na primeira reunião, do guia da agência com os futuros peregrinos, antes da janta, para passar-lhes as informações importantes, seus olhares se encontraram. Foi algo muito forte. Havia um magnetismo no ar. Ela tenta olhar para baixo, ele atordoado, vira os olhos para cima e para baixo, tentando fugir daquele energia, que o olhar dela exercia sobre ele, mas em vão. Ao retornar os olhos em direção a ela, encontra aquele jardim de flores o contemplando. Ali, a rosa do amor sorriu!

Foi uma caminhada de descobrimentos múltiplos. Pela dureza para enfrentar certos trechos do caminho e por outro lado, o desafio da superação ou da auto transformação, quando se deseja mudar.

Hendrix, com seu jeito romântico e carismático, envolveu-se e foi envolvido por Daniela.

Concluíram o Caminho Português da Costa maravilhados! Sentem-se renovados! Seis meses após, já estão morando juntos.

O casal passou a ter quase um ritual, quando a temperatura cai, ao crepitar de uma lareira, com suas taças de vinho, fazem um brinde ao caminho de Santiago. Para a felicidade dos pais, um ano e meio após a caminhada, Daniela deu à luz a uma bela menina, de olhos claros como os deles.

Logo após a licença médica, ela retornou ao seu cargo de bibliotecária.

Os quatro primeiros anos do casal foram ótimos, de muita cumplicidade.

As primeiras divergências ocorreram, segundo Daniela, quando Hendrix participou de um verdadeiro périplo de negócios, promovido pela empresa, para divulgação de seus produtos. Quase toda semana viajando. Isso gerou muitas discussões e dúvidas.

Outro motivo, Hendrix não queria participar de reuniões na escola, pois tinha a impressão de já ter ouvido conversas a respeito dele como: que avô bonito... eu já vi a nora dele.

Daniela também já escutara comentários similares aos de Hendrix, mas não deu-lhes importância, embora a incomodassem levemente.

Os ciúmes de Hendrix traziam um certo desconforto ao casal, embora muitos deles Daniela não os percebesse, pela forma como eram praticados, com dissimulações, que só acarretam sofrimento àqueles que o praticam.

Um outro desajustes que trazia certo desconforto à família, referia-se à fragilidade de Daniela, no enfrentamento com os alunos, em que era necessário ter um pulso firme, isso não acontecia. Ao chegar em casa, corria para engolir um calmante e às vezes, dois.

Hendrix aproveitava para fustigá- la: o dia que você tiver um problema mais sério, você morre intoxicada, de tanto tomar remédios.

O casal seguia uma vida cotidiana, de altos e baixos, alegria e tristezas, até aquele dia em que o mundo de Daniela virou de cabeça para baixo.

Ela acha mais confortável usar o computador, em função da tela amplificada, para baixar os programas de atualização de livros da universidade. Insere o pen drive e liga o computador.

Em seguida, ao som de inicialização, ao olhar para a tela, se depara com uma mensagem desafiadora e angustiante: "VOCÊ NÃO AMA SEU ESPOSO". Ela sente um frio percorrer a sua espinha dorsal, avançando por todo o seu corpo.

Não acredita no que vê! A sua fragilidade é mortalmente ferida! A sensação de mãos frias, a boca seca, uma palpitação forte e um mal estar, é o resultado da mensagem, que parecendo ter atingido o seu objetivo, lentamente desaparece do monitor. Ela quase desmaia! Neste momento, Hendrix entra no escritório e pergunta: meu amor, você brigou com algum daqueles seus alunos? Ela dissiHuado: não, não sei. Não estou me sentindo bem, um pouco tonta. E complementa dizendo: minha auxiliar na faculdade, me falou que eu estou meio pálida.

Hendrix confirma o que sua amiga falou, mas nota algo diferente no olhar dela, indicando preocupação.

Ele dá um beijo nela e caminha até o frigobar, enche dois copos de Ice tea; um deles é colocado ao lado dela e com o outro, se dirige à varanda. No trajeto é assaltado por uma avalanche de pensamentos, muitos deles, pelo seu excessivo ciúme: porque a fisionomia dela está tão alterada? Aquele ex-marido dela que encontramos no shopping, pelo olhar que trocaram? Essas visitas constantes da sua amiga Valentina, estranho?

Esse personal trainer, tão atencioso?

O verde das árvores à sua frente tem o poder de um sedativo e reduz e inverte o mar revolto de seus pensamentos.

Seu lado racional o indaga sobre seus comportamentos, como aquele em que se envolveu com a diretora de marketing, do qual se arrepende muito. Inocentando-se, recorda-se que só ocorreu uma vez, não incidiu no erro.

Ou será que ela tem percebido as investidas da sua colega Andreia, que tem me desconcertado? Recorda-se também, de algo que ele julga não ser considerado traição, pela sua efemeridade, ocorrido há cinco anos. Sua secretária estava arrumando os arquivos, próximo à mesa dele. Ele não sabe porquê, mas deixou de lado o que estava fazendo e virou-se. Seus olhos de animal, detectam a presa: um par de pernas torneadas e um belo corpo feminino à sua frente. O instinto de caçador se faz presente! Como se possuísse câmeras às costas, a presa finge soltar uma gaveta que puxava e cai sobre o seu colo.

Aquele corpo macio, envolto em um perfume instigante e o hálito de hortelã, tudo ali sobre ele. Irresistível! O ardor da paixão se faz presente. Ele a aperta em seus braços, ela oferece a boca, seus lábios se encontram e suas línguas se tocam. Mas foi efêmero. O tempo suficiente para que suas consciências condenassem o ato. Ela levanta-se, arrumando a blusa e a saia, parecendo envergonhada. Fecha a gaveta do armário e vai embora, sob o olhar culposo de Hendrix.

Daniela no dia seguinte, após participar de uma reunião sobre a nova regulamentação de empréstimo de livros, se dirige a sua sala. Liga o computador, ao mesmo tempo em que procura o grampeador, na sua gaveta inferior da mesa.

Enquanto houve o processo de boot do computador, algo como uma intuição lhe vem à mente, quando pensa: Só falta aquela mensagem que eu vi em casa, aparecer aqui.

E como resposta, a vê plotada a sua frente: "VOCÊ NÃO AMA SEU ESPOSO".

Ela perde o chão! Sua pressão cai e desmaia sobre o teclado.

Uma leitora que a observava, corre rápido para socorrê-la. Sua auxiliar liga para a Vice-Diretora Gisele, que já a encontra consciente. Um copinho de café é oferecido à Daniela, que a acompanha, até a sua sala.

Gisele com suas duas filhas, de idades próximas a de Daniela, ambas divorciadas, sabe bem como lidar com situações como essa que acaba de ouvir. De ciúmes, insegurança e traições, relatadas pela sua bibliotecária. Com um gesto materno, abraça e traz para junto de si, o corpo de Daniela, que sente-se protegida nele. Ela entra em um choro convulsivo, produto da sua depressão.

Gisele a conforta com palavras encorajadoras

e pergunta se está tudo bem. Em seguida, solicita que alguém a acompanhe até a sua sala. Lá, Daniela abre sua bolsa e engole dois comprimidos de clonazepam, de 1 mg. Sente-se muito sonolenta. Hendrix é chamado para socorrê-la. Ele quer levá- la ao psiquiatra, mas ela quer ir para casa. No carro, fala das mensagens, em sua casa e na biblioteca. Hendrix a tranquiliza, dizendo que pode ser um vírus, chantagistas ou pessoas inescrupulosas, com objetivo único de obter lucro. Ele omite que também viu a mensagem, por prudência. Naquele mesmo dia, Daniela liga para sua amiga de infância Valentina.

No dia seguinte, por volta das 10 horas, sua colega aparece. A secretária oferece um café expresso e logo que iniciam a conversação, Valentina diz: vamos conversar lá fora, na rua. As paredes têm ouvidos. E dá uma sonora gargalhada, olhando para a secretária que se afasta.

Daniela quando faz sinal para o motorista da família, é tocada por Valentina que diz: vamos de Uber ou no seu carro. Ficamos mais livres. E com voz baixinha, pergunta, no ouvido da amiga: você confia no Antônio? Eu se fosse você, jamais!

O motorista fica confuso com a dubiedade de sinais e se dirige à Daniela. Ela explica que vai com seu carro.

Elas saem e não percebem que são seguidas por Antônio, utilizando o seu próprio automóvel, não o da família.

No restaurante, em uma mesa discreta no canto, elas iniciam o diálogo.

Daniela diz que anda desconfiada, de que Hendrix ande de caso com alguém. Que observou mudanças no seu comportamento, durante o uso do computador, como se ele estivesse sendo ameaçado por alguma amante.

Que apesar de insinuações fortes dela, ele evita fazer sexo, apresentando sempre um desconforto qualquer. E você sabe como é homem, para o lado de sexo são irracionais. E arremata, dizendo que o sexo é um dos maiores motivos de briga entre os casais.

Valentina, naquele seu jeito extrovertido, prenhe de sua sabedoria de pós- doutorado mundano, complementa o pensamento da amiga: cara, o cérebro do homem é a pica! Tudo passa por ali. Porra, independe de estudo ou educação, na cabeça deles, parece existir somente periquita e rola. Ela mesma ri do trocadilho que fez, ao comparar os órgãos genitais a pássaros.

Daniela a acompanha no riso, feliz com a espiritualidade da amiga. Séria e receita da comparação, Valentina tece comentários sobre os dizeres da amiga, em relação à mensagem surgida no seu computador: eu não sei muita coisa de informática, mas não descarto que possa ser um chantagista ou um vírus, ou quem sabe uma dessas dondocas, com ciúmes de você. Complementa o raciocínio, em relação a Hendrix dizendo: seu marido é bonitão, educado e deve ter um bando de mulheres, que se consideram independentes e autônomas, mas loucas para ter um homem, pra chamar de seu. Se eu fosse você, ficava de olho bem aberto. Neste instante, para de falar, olha para Daniela e diz: conheço alguém que pode nos ajudar, minha amiga.

Diz logo quem é, retruca Daniela. Ela até hoje, não errou uma sequer, completa Valentina, trazendo um certo ar de mistério, à frase dita.

Ela quem? Daniela impaciente. Pergunta.

Valentina: uma cigana, muito boa que eu conheço. Se você quiser, te levo lá.

Valentina: ah, eu tenho curiosidade sim, mas tenho medo desse pessoal, de mexer com forças estranhas.

Valentina: Laksmith, a cigana, não tem nada disso, de pular, cair, dar passes, tambores, fumar charuto e cantigas. A única coisa é o incenso, que é passado no ambiente, para neutralizar as cargas negativas, que nossos corpos possam conter, a fim de harmonizar o ambiente.

Ela também não joga cartas, como a maioria delas fazem. Também não usa rodeios, vai direto ao ponto. Ela é foda!

Valentina, dividida, um misto de curiosidade e angústia, a invade. A traição que seu marido possa estar praticando, supera as suas superstições e medos e decide visitar a sibila moderna.

Um encontro com a cigana Laksmith será agendado por Valentina.

Hendrix, no retorno do trabalho à casa, seu motorista o informa, que aquela amiga da dona Daniela, -aquela, que dão muitas risadas, quando estão juntas-, esteve lá e saíram. Que ele as seguiu. Entraram no restaurante Buon e ficaram lá, em torno de uma hora e 40 minutos. Que sentaram-se sozinhas, em uma mesa isolada, de costas para a rua.

Hendrix diz: bom trabalho, Antônio, continue ligado, obrigado!

O encontro com a pitoniza moderna Laksmith, aguardado ansiosamente por Daniela, chegou! Valentina, ao encontrar a amiga, sugere que ela troque a blusa, por uma bem clara, entre o branco e o azul, pois isso ajudará na hora da consulta. As energias do mundo invisível fluem melhor, ela explica. Após dirigir por volta de trinta minutos, Daniela para em frente a um sobrado, de tonalidade azulada, aparentemente bem cuidado. Campainha tocada, visitante anunciado e o portão é aberto. Caminham por um corredor, ornado por belas flores, que se estende até a porta principal.

Daniela está nervosa, apreensiva e curiosa. Já ouvira falar de pai de santo, adivinhadores e pitoniza modernas, mas nunca havia visitado nenhum. E isso estava acontecendo agora! Laksmith as recepciona, à porta.

O recinto contém uma mesa ao centro, coberta por uma toalha muito branca, com pequenas figuras, similares a pássaros em tons azuis suaves. Sobre ela, ao centro, uma esfera de cristal de um azul forte e uma cestinha contendo pequenos objetos, sendo um deles, similar a um sininho, próximo à cigana. Suave fragrância de jasmim invade o ambiente, provocada pelo incenso passado, conforme Valentina havia explicado.

A consulta é iniciada. Laksmith com a sua mão direita, segura a direita de Daniela, enquanto mantém a sua mão esquerda, sobre a esfera de de cristal azul. Ela de olhos fechados, pergunta: por favor, diga o seu nome completo.

Daniela Tamarino Corradi Hendrix. Responde Daniela.

Diga por favor, o dia, o mês e o ano do seu nascimento. Solicita Laksmith.

15 de janeiro de 1985. É a resposta de Daniela.

Passam-se alguns segundos angustiantes, quando a sibila ainda com os olhos fechados, diz: uma família linda, casa bonita, uma filha de olhos claros e uma grande aflição.

Após dizer essas palavras, ela abre os olhos e os mantém sobre a esfera azul. Reinicia a sua fala, dizendo: algumas coisas escritas na tela do computador, mas não são coisas daqui deste país. Elas são forças destruidoras do planeta. Já estão sendo aniquiladas. Vejo também um homem alto, bonito de olhos azuis, com um casal de adolescentes e uma filha pequena. Vejo melhor agora: é o seu marido.

Daniela ali, espantada e admirada com o que acabava de ouvir, coração apertado!

Laksmith retira da cestinha umas conchinhas do mar, vira-se para Daniela e pergunta: Qual é o seu maior tormento para vir aqui? O que aflige você?

Ela responde: eu quero saber se meu marido me trai.

A cigana com as conchas a mão, fecha os olhos e parece dizer algumas palavras ininteligíveis. Lança as conchinhas sobre a toalha branca. Acompanha com o olhar o seu movimento. Fixa o olhar sobre elas. Em seguida, vira-se em direção à Daniela e diz: seu marido não trai você, mas há muita tentação ao redor dele.

Aquelas palavras produziram em Daniela, uma sensação de felicidade, similar àquela do nascimento da sua filha. Sentia-se explodir por dentro, de um sentimento inexplicável de paz e plenitude. O mundo era colorido!

Neste mesmo dia, do retorno de Hendrix à residência, Antônio faz o seu relato de acompanhamento: doutor Hendrix, hoje elas foram em dois lugares.

Hendrix ansioso, pergunta: e quais foram esses lugares?

Antônio fala: primeiro elas foram em um sobrado azul, a mais ou menos, 30 minutos da sua casa. Parece que saíram muito satisfeitas de lá. Estavam com uma cara muito boa.

Sim e daí, aonde foram mais? Questiona Hendrix, levemente impaciente.

Elas foram no restaurante Buon, e demoraram lá, cerca de 30 minutos só. Responde Antônio.

Pergunta Hendrix: quanto tempo elas ficaram nesse sobrado azul?

O motorista responde: elas ficaram lá dentro,

mais ou menos uma hora e meia. Enquanto isso, eu procurei me informar. Ali é o endereço de uma cigana que lê a mão, mulher adivinha, muito famosa. Que vai muito figurão, muita gente importante lá. Uma tal de Schmidt.

O motorista Antônio diz errado o nome da cigana, mas é assim que ele o entendeu.

Hendrix buscava conexões de como agir. Seus pensamentos oscilavam em torno da aparente felicidade de sua esposa, ao deixar a cigana e ir comemorar em um restaurante e o seu desejo, agora excitado, de fazer uma consulta com a pitonisa moderna.

Hendrix diz: Antônio, toca para o sobrado azul, vou fazer uma consulta com a Schmidt. Em seguida, liga para sua esposa e fala que teve uma reunião de emergência e que chegará um pouquinho mais tarde.

Tocam a campainha e uma voz pergunta: vocês estão agendados?

Hendrix responde: não, trata-se de uma emergência e eu sei retribuir o favor.

Em seguida, diz o seu nome e o do motorista. O portão é aberto.

O motorista é direcionado à área destinada a acompanhantes e Hendrix à consulta.

O atendimento dele, pela cigana, seguiu o mesmo ritual, utilizado quando sua esposa foi consultada.

Laksmith falou da família, dos filhos dele, dos outros relacionamentos e de como era jovem e bela a sua esposa.

O que mais o impressionou, foi o fato dela falar sobre a sua mãe, dizendo sobre a sua saída do hospital.

Hendrix, diferentemente de Daniela, já havia visitado outros locais de adivinhações, mas estava impactado com que acabara de ouvir.

Sua surpresa não havia ainda terminado, quando a pitonisa disse: com relação aos dizeres que aparecem no computador, fique tranquilo, não são daqui, são forças do mal, que já estão sendo aniquiladas.

Hendrix respira fundo, ao escutar que o país estará livre do vírus. É invadido por intensa paz. Pura felicidade!

Na hora de jogar as conchas, parece que ambos haviam combinado de fazer a mesma pergunta sobre traição.

Hendrix, com o coração acelerado, olhando fixo para a cigana, diz: quero saber se minha mulher me trai com alguém?

Tenso, aguarda ela retornar o olhar, das conchas para ele. Laksmith diz: sua esposa não o trai, apesar de todas as ameaças que pesam sobre ela.

O coração de Hendrix entrou em festa! Um estrondo de felicidades invadiu o seu ser!

Na saída, Laksmith olhando no fundo dos seus olhos diz: o ciúme é o flagelo da humanidade. Cuidado com ele! É preciso orar, vigiar e confiar no no grande PAI.

No retorno à sua residência, Antônio comenta:

doutor Hendrix, conforme o senhor falou, procurei saber como pagar a consulta. Varia uma média de cem dólares. Paguei o dobro, dei todo o dinheiro que o senhor me deu e me deram o número do Pix, caso o senhor queira fazer alguma doação.

Antônio ouviu do patrão: vou te dar um presente. Duas passagens de avião, de ida e volta, para você e sua senhora, para visitarem a cidade de vocês e mais uma gorjetinha.

E finalizou sua fala, dizendo: vou pedir para transferir um valor, para você fazer uma doação para a Schmidt.

Ao entrar em casa, Hendrix sente algo diferente no ar, vindo do quarto de Daniela. Uma suave fragrância, o perfume da paixão, parece vir de lá. A porta está entreaberta. Ele segura a maçaneta e dobra o corpo para observar, quando se sente envolvido pelo doce hálito dela, que o arrasta e se joga sobre ele na cama, beijando o seu pescoço e a sua boca. Depois de algum tempo, foram ouvidas as seguintes frases: um brinde ao amor! Uma voz feminina diz: um salve à bola de cristal azul! E uma voz masculina completa: um salve à pitonisa Lacksmith!

"Lutaremos na França, lutaremos nos mares e oceanos, lutaremos com confiança crescente e força crescente no ar; defenderemos nossa Ilha a qualquer custo, lutaremos nas praias, lutaremos nas terras de desembarque, lutaremos nos campos e nas ruas, lutaremos nas colinas; jamais nos renderemos."

Trecho do discurso de Winston Churchill na Segunda Guerra Mundial, na batalha de Dunquerque, em 1940.

A RESISTÊNCIA

Capítulo X

Sonhos Libertários do Casal Chung

Jonas, o Diretor de TI da maior empresa de energia do país, após conversa com o Presidente, na qual confessa que nunca viu algo similar, um vírus que consegue manter-se invisível, se debruça com empenho e dedicação para encontrar uma solução, para exterminar a ameaça que segue paralisando o país. Que eliminar esse inimigo, para ele se tornou uma questão de honra!

Nessa busca por uma solução, entre seus livros e materiais de estudo, ao pegar a sua tese de doutorado, lembra-se de Binh Chung, um antigo professor de computação, que foi o seu orientador no doutorado sobre computação nas nuvens. Ele poderia ajudá-lo, ou talvez, no mínimo, mostrar caminhos para a solução da origem da frase.

Jonas por razões inexplicáveis, conquistou a sua amizade, desde quando ele foi seu professor e se consolidou quando orientador.

Os chineses por cultura própria, são muito frios e mantêm-se distantes, principalmente quando estão em outro país. A família dele também era assim, mas aos poucos, Jonas conseguiu tirar pequenos sinais de risos de suas faces. Percebia pelos olhares, que o recebiam bem e ficavam felizes com a sua presença.

Aos poucos, após mais ou menos quatro anos de contato, já conhecia a forma como a família havia chegado ao Brasil, fugindo da perseguição chinesa àqueles que eram considerados opositores ao governo, no movimento denominado de Revolução Cultural Chinesa.

A revolução ocorreu logo após o Grande Salto para Adiante.

A China tentando igualar-se aos Estados Unidos, em termos industriais, lançou um plano econômico e audacioso, denominado de o Grande Salto para Adiante, promovido pelo governo do ditador Mao Tsé-Tung, durante o período de 1958 a 1963. A ideia por trás do plano consistia em industrializar a China, para torná-la competitiva, frente aos Estados Unidos.

Tentou-se implantar à força, uma China industrializada, onde existia uma economia rural. A força de trabalho do campo foi deslocada para áreas específicas, onde iriam produzir bens, como aço, máquinas e equipamentos.

Uma série de condições humanas, incluindo as meteorológicas foram os responsáveis pelo maior genocídio mundial, algo em torno de 30 milhões de pessoas.

Atribui-se à fome, provocada pelo

racionamento de alimentos, como a principal causa das mortes. As pessoas se tornaram vulneráveis às doenças, em função do seu estado desnutritivo.

Um regime de trabalho forçado, desumano, de fome e 30 milhões de mortes, foi o saldo que resultou do grande salto.

Ao fracasso do plano econômico, o governo lança a Revolução Cultural, um movimento de perseguição a todos àqueles, que eram considerados opositores ao governo. Uma verdadeira caça às bruxas que ocorreu, de 1966 a 1976.

Neste período surgiu a famosa guarda vermelha, composta pela população e estudantes, que perseguiam, principalmente, os intelectuais.

Foi nesta época que a família de Chung, através da ajuda de elementos do governo, conseguiu fugir.

É uma história que facilmente pode ser transformada em filme, dada a várias situações que a família foi obrigada a ultrapassar, para escapar do governo, do maior genocida mundial. Jonas refeito, após recordar-se da trajetória de Binh, resolve procurar seu amigo e antigo professor.

Foi um encontro especial, de profunda emoção; o professor já octagenário e o seu discípulo beirando meio século de idade.

O professor o abraça com a ternura que se aproxima com a idade e ele a retribui, com seu abraço de filho, repleto de coração e alma.

Jonas explica a Binh a importância do sigilo, sobre o que conversarem, bem como do material deixado.

Explica que no pen drive em anexo, existem vários arquivos, especialmente aqueles em que um vírus deverá passar, quando acessa o computador.

Prossegue relatando tudo que está ocorrendo na empresa, desde que tomou o conhecimento da primeira mensagem, até a reunião online, onde a frase apareceu sobre cada participante. Que solucionar esta ameaça, tornou-se para ele, uma questão de honra e por isso, ele vinha buscar ajuda no amigo professor.

Jonas descreve de forma cronológica, como os fatos foram observados, as ações empreendidas e o resultado delas.

Binh o escutava atentamente e às vezes levantava a mão, simbolizando um gesto de parada. Como se estivesse alinhando os pensamentos.

Neste momento, Jonas parava e perguntava: alguma dúvida de professor?

Se houvesse, ele tentava explicar novamente; se não, prosseguia com o seu relato.

E assim, depois de aproximadamente duas horas de conversas, o mestre tomou conhecimento do que ocorria no país, em relação ao segmento de energia.

Após ouvir atentamente tudo que foi dito por Jonas, Binh olha no fundo de seus olhos e diz: eu conheço você meu jovem e sei da sua dedicação, da sua bondade e amor humano. Conte comigo, vamos trabalhar juntos.

Ato contínuo, se abraçam e se despedem.

Jonas no caminho de volta para casa, após o encontro com Binh, reflete sobre o que falaram e os riscos para o país que esse vírus poderá causar.

Conhecia de perto a capacidade do professor, seu pensamento estratégico, seu olhar voltado à frente e uma capacidade extraordinária de perceber situações e cenários. Estava feliz em saber que poderia contar com ele, em momento tão difícil.

Em seguida, talvez, pelo encontro com o professor, as reminiscências do tempo estudantil afloram a sua mente e sente-se invadido por uma sensação de saudade e alegria, do tempo em que era aluno do professor. O tempo que ficou lá atrás, onde não trabalhava, só estudava e muito.

Viaja na saudade de um tempo que passou tão rápido, que só agora, fora do campo universitário, tem a verdadeira dimensão de como foi rápido.

Recorda-se que acordou cedo aquele dia, para ansioso comprar o jornal, para ver o resultado do vestibular. O título era: relação dos candidatos aprovados para o curso de Ciência da Computação.

Quantos anos se passaram, de quando ele leu o seu nome na relação e agora?

Isto não importa, na recordação é como se fosse ontem, pela emoção provocada. E deixa-se envolver por aquele tempo tão belo da juventude. Cabelos longos, amores, muito estudo e preocupação.

Quanto a amores, nunca foi namorador. Teve no máximo três namoradas, durante a faculdade. Jéssica foi o seu grande amor. Por ela morar na mesma rua dele, embora estudassem em universidades diferentes, sempre davam um jeito de se encontrar de manhã, duas ou três vezes por semana.

Lembra-se dos seus doces beijos, trocados na correria da subida nos ônibus. Beijos que nunca mais provou. Eram só dela.

As outras namoradas, perdem importância ao serem comparadas a ela. Ana Rosa, uma linda morena, muito ciumenta, lhe deu muito trabalho.

Desconfiada de que ele havia ido à praia e negava, ela pede para ele abrir a camisa e pasmem, passa a língua no seu peito. Ele retruca: que isso, tá ficando maluca? O que você está fazendo?

Ela responde: agora sim, eu sei que você não foi.

Ele sem entender, olha para o peito ainda molhado de saliva dela, a encara e diz:

Como é que você sabe que eu não fui à praia?

Porque você não está salgado, responde a ciumenta Ana Rosa.

Lembra-se que situações como essa, foram muitas. E algumas, um pouco mais complicadas.

Resultado: separaram-se.

Beatriz foi daqueles amores relâmpagos, que incendeiam.

E como o raio, teve curta duração e brilho intenso. Durou uma estação, a do inverno, mas foi o necessário para aquecê-lo.

Mas a vida não é só de amores, é de estudo também, mais estudos que amores, foi o seu caso.

Quantas viradas de noite estudando enfrentou, ele e sua mãe o sabem. Ela mãezona, preparando um mingau, um sanduíche e refresco e colocando tudo, ao lado da mesa, em que ele estudava. Depois para não distraí-lo de sua concentração, suavemente saía, discretamente. Oh, saudosa mãe, que o grande Deus te proteja e cubra, aonde você estiver! Desejou em pensamento, ao recordar-se da mãe.

Neste momento de lembranças da mãe, seu exemplo de mulher, lágrimas escorrem de seus olhos, mas de felicidade.

O enlevo da saudade é tão intenso, que nem percebe que já está chegando ao apartamento em que mora.

Após receber seu amigo e ex-aluno Jonas, o professor sentado em sua cadeira, olhando o firmamento, com o queixo apoiado na palma da mão e o cotovelo na mesa, pensa sobre a conversa que tiveram.

Lembra-se de Jonas e de seu brilhantismo estudantil, com conceito "A", em todo o seu curso de doutorado.

E também do seu envolvimento em causas patrióticas, como participar de passeatas em prol do país, por reformas neoliberais e lutas contra a implantação de ditaduras.

Gostava dele, justamente por ser jovem e idealista, como ele o fora, lá atrás, no passado.

Tira do bolso do casaco um dos documentos deixados por seu aluno e o põe sobre a mesa. Passa a lê-lo. Anotações são feitas em certos intervalos da leitura e em outros, segura o queixo, olhar parado, como se estivesse refletindo ou recordasse algo.

Em seguida, novas notas são inseridas.

E assim permanece o professor, por cerca de quase 2 horas, nesta atividade mental que gerou três folhas de anotações.

Entre todas que registrou, uma se destaca, a lembrança de um sobrinho, Ho Chung, filho do seu irmão Denh.

Ele, Ho, deveria ter entre 37 e 38 anos, de acordo com sua memória. Trabalhava na área de segurança de dados de uma grande empresa governamental.

Segundo informações do irmão, Binh sabia que devido a sua inteligência na área de segurança, o governo, secretamente, o utilizava como hacker do bem.

Nestas ocasiões, o diretor da empresa em que trabalhava, informava aos demais empregados que ele estava de licença médica, em casa.

Ho morava sozinho, possuía poucos amigos e algumas vezes, sua antiga ex-namorada, o visitava.

De acordo com seu irmão Denh, ele não tem certeza, mas parece que Ho, quando presta ajuda ao governo, tem acesso aos computadores mais velozes, os computadores quânticos.

As informações sobre Ho ele obteve quando seu irmão visitou o Brasil, dois anos atrás.

Com as suas três folhas de anotações, Binh se dirige a sua repleta estante de livros, que cobre toda a parede da sala onde se encontra. Com sua memória prodigiosa, separa artigos, documentos e livros que julga necessários, para ajudá-lo a resolver o problema deixado por seu ex-aluno Jonas.

Entre os livros, dois exemplares chineses e alguns em inglês, além de revistas científicas, algumas teses sobre TI, nas quais havia sido orientador, são separadas.

Dispõe todo esse material, sobre uma larga mesa de jacarandá, de acordo com uma lógica de leitura estimada por ele.

Passa os olhos no material escolhido, se perde em pensamentos, no caminho dos olhos sobre o que vê. Entra em um estado de devaneio, de profundo pensamento.

Sua esposa Nyan, uma senhora baixinha e olhar expressivo, o retorna à realidade, ao lhe oferecer um suco de cupuaçu com biscoitos. Ele a agradece e ela responde, num movimento de cabeça e se retira. Não precisam falar, seus olhares expressam mais que palavras, refletidos na convivência de mais de um Jubileu de Ouro do casamento.

Binh retira da parte de baixo da estante, um gravador de som.

Quando o tem em suas mãos, para colocá-lo sobre a mesa, diz em pensamento: é Binh, o tempo passa! Nessa frase ele se auto confessa, que a sua memória já não tem o mesmo poder de fixação de outrora. E assim, acha melhor, à medida que obtém conclusões sobre o estudo, ele as grave. Isto evitará o risco de esquecê-las ou perder alguma.

Um outro motivo para o uso do gravador e não o celular, é que ele sabe, ou demonstra saber, que corre riscos ao utilizar a internet. Quer evitá-los.

Em paralelo aos estudos que fará, sua ideia é conversar com seu irmão e convencê-lo, -após mostrar o que está ocorrendo no país, com o ataque do vírus-, a falar com seu filho Ho, pedindo ajuda.

Sabedor das leis rígidas do seu país, em relação a comunicações e sendo ele próprio um ex-perseguido, deve preocupar-se com todos que serão nela envolvidos.

As etapas precisam ser muito bem elaboradas, para que pareçam conversas corriqueiras, entre parentes.

Precisa pensar bem, como ela deve ser feita. Ele conhece a forma como o governo age e a cruel perseguição empreendida, àqueles que são considerados opositores.

Liga para seu irmão e confirma, se ele chegará em meados do próximo mês, conforme havia combinado há muito tempo. Ele pretende abrir negócios aqui.

Fica feliz com a resposta do irmão. Seus planos começam a trilhar o caminho planejado.

Espera chegar ao final do mês, com uma solução ou próxima dela, em relação ao vírus, isto é o que pensa, enquanto se dirige à varanda, onde sua esposa está sentada, com os pés elevados, observando o cair da tarde, o crepúsculo. Para ela, o momento mais lindo da natureza.

Binh senta-se ao lado dela e ficam em silêncio.

Ele é tudo. O silêncio da felicidade, só quebrado pelo som do cantar de alguns pássaros, que só fazem ampliá-la.

Depois de algum tempo, Nyan olhando para Binh, pergunta: você não acha, que a idade já não permite mais aventuras desse tipo, que já participamos lá atrás, no passado?

Esse seu espírito libertário, que também possuo, deve ser abrandado pela razão e não pela emoção.

Binh, olha com ternura aquela mulher a sua frente, com o corpo deformado pela idade, sentindo o quanto ela é importante para ele.

Sua memória viaja: ambos jovens universitários, impregnados de sonhos e ideais de liberdade e justiça.

Conhece Nyan e sabe que ela se tornará partícipe, quando tomar conhecimento do que está ocorrendo no país, se já não sabe.

Ele então relata toda a conversa com seu aluno Jonas, bem como o que pretende fazer.

Como previsto, ela abraça a causa e se coloca à disposição, no sentido de contribuir para que o resultado seja alcançado, isto é, livrar o seu segundo país desta ameaça, que trará consequências para todos, inclusive eles.

Sentados como estavam, sob uma noite, onde estrelas iniciam aparecer, Nyan deu início a sua participação no ousado plano.

Juntos, dois idosos com alma de jovens, elaboram um projeto.

Ela irá à China visitar sua irmã, que não vê a longo tempo. Estando lá, procurará o irmão de Binh, Denh. Passará a ele todas as informações.

Denh, conforme última ligação telefônica, diz que chegará ao país, até meados do próximo mês, após uma ausência de dois anos.

Binh comenta com Nyan, que o que mais o preocupa é a janela de tempo, em relação a Ho, filho de seu irmão. Ele pode estar envolvido em tarefas solicitadas pelo governo, no período compreendido entre a chegada dela à China e a vinda do seu irmão ao país. Se isto ocorrer, o plano B será ativado. Nele, seu irmão já estando fora do país, é que deverá entrar em contato com seu filho, na China. Riscos existem, mas precisam ser enfrentados e não subestimados.

Capítulo XI

A Ajuda do Outro Lado do Mundo

Poucos dias após essa conversa do casal Chung, um meticuloso planejamento é elaborado. De posse dele em sua mente, Nyan parte para China, para encontrar-se com sua irmã Hua e de lá, fazer contato com seu cunhado Denh, para lhe passar as informações que deverão ser direcionadas ao seu filho Ho.

Curioso como determinados eventos ocorrem na vida. Eles surgem com a sua importância necessária, os esforços são empreendidos para a sua execução e são concluídos, mas por uma razão aparentemente inexplicável no momento, são postos de lado, como se não tivessem sido necessários. O tempo passa e quando menos se espera, aquele evento concluído há muito tempo, se torna imprescindível no momento atual. Será que isto, é uma das inúmeras e sutis demonstrações, da ação do universo?

O exemplo do casal Chung pode ser incluso ou não, nessa visão cósmica; depende de concepções, que variam de acordo com interpretações pessoais.

Dois anos atrás, Nyan e Binh haviam decidido visitar a China e tiraram seus passaportes, mas por motivos adversos não viajaram: Nyan precisou fazer uma operação de vesícula urgente e Binh aproveitou alguns meses depois, para fazer a operação de catarata.

Por possuir o passaporte, no caso dela, foi importantíssimo, pois agilizou todo o processo da sua viagem, bastando apenas tirar o visto de entrada no país. Com o passaporte e o visto, Nyan compra a passagem para visitar o seu país de origem. Olhando os documentos, sente uma energia diferente percorrer o seu corpo e surgem lembranças do passado que a entristecem, mas por outro lado, sua mente é preenchida por imagens que alegram o seu coração. Se deixa levar por essas últimas, pois esse é o seu espírito, a sua essência.

Um amigo do casal foi levá-la ao aeroporto. Binh, seu parceiro, conhece bem aquela alma feminina e sabia que naquele exato momento, ela estava ansiosa e feliz, embora externamente mantivesse uma tranquilidade aparente, internamente tensões corriam, pelo modo como ela, sem se dar conta, apresentava um leve piscar no olho direito, imperceptível aos olhos desatentos.

Na hora do embarque, Binh dá um beijo em sua face e diz: Nyan, eu tenho muita admiração por você. Seus olhares se encontram e um sentimento de felicidade e paz ilumina o casal. Um discreto lacrimejar ocorre nos olhos de ambos, comprovando a presença da essência humana do amor.

Nyan no trajeto para acessar ao avião e na última parte visível da pista, acena um adeus para Binh. No avião se acomoda em uma confortável poltrona, junto à janela escolhida antecipadamente, pois sua ideia é que antes que o avião aterrisse, ela tenha uma visão panorâmica da sua querida Pequim. Fez questão de que fosse na janela, pois sabia que seria impactada, pelo novo país que encontraria. Esta visão do alto, já abrandaria seus sentimentos, um misto de ansiedade e alegria.

Quase 30 horas após seu embarque, em um voo de quase 20.000 Km, em classe econômica da companhia British Airway, com direito à parada em Londres, aterrissa no moderníssimo Beijing Daxing International Airport, em Pequim.

O Daxing é o segundo maior aeroporto internacional do mundo, tendo a sua frente o aeroporto internacional King Band, na Arábia Saudita, também na Ásia. Nyan ouve o comissário avisar que chegaram e se prepara para o desembarque. No trajeto, de longe, já avista uma senhorinha, agitando um cartaz com o seu nome. De pronto reconhece nela sua saudosa irmã Hua.

O encontro daquelas duas almas femininas foi algo sublime, que só o ser humano tem acesso: a comunhão de espíritos. Se abraçam por longo tempo e lágrimas jorram de seus olhos; a idade parece libertar sentimentos inocentes de amor, presentes nas crianças e que vão sendo reprimidos nos adultos.

Ali estavam duas crianças idosas abraçadas, felizes e chorando.

O trajeto do aeroporto até o apartamento de Hua é de aproximadamente 110 Km, por pistas tão lisas, verdadeiros tapetes, que nem se percebe o suave balanço do automóvel. Hua parece ser a mais empolgada, pois todo o tempo, indaga sobre os mais variados assuntos, desde sua chegada ao país, até o casamento com Binh. Lyan rapidamente percebe que sua irmã gosta de conversar e a deixa fluir na sua loquacidade.

Hua, antecipadamente, já havia preparado um quarto todo especial para Nyan. Nele ao se entrar, na parede esquerda, três quadros retratando a natureza; um deles, para ela o mais lindo, de um imenso mar azul, com uma embarcação já sumindo na linha do horizonte, sob brilhantes raios solares. O pintor soube retratar a mudança de coloração da água, à medida que o mar se aproxima da praia, é algo deslumbrante. Assim como a mudança de tonalidade das cores para representar a água, o mesmo ocorre com os raios sobre a embarcação. A pintura, além de bela, leva à reflexão: a imensidão do mar e a solidão de uma única embarcação. Somos o quê? O mar ou o barco, ou ambos?

As outras duas pinturas também são de pintores chineses. Uma delas retrata um grupo de jovens, estudando sob um frondoso ipê e o outro, simbolizando a proteção de árvores, em um simétrico ambiente protetivo de madeira, cuja cor marrom contrasta enormemente, com o verde das árvores protegidas.

O quarto é espaçoso, possui um pequeno guarda-roupa, uma cama macia, internet e televisão, além de um frigobar. O de Hua, situa-se após o outro corredor, próximo à sala e à cozinha.

Ela rapidamente acomoda os pertences de Nyan e a convida para seguir até a cozinha. Lá, prepara um delicioso chá chinês. Uma de frente para outra, saboreando aquela delícia, refletiam no brilho de seus olhares, a essência do Cosmos. Toda a alegria do universo, produzida naquele encontro fraterno, de duas irmãs que não se viam há mais de cinco décadas, ali é difundida; um momento único no espaço, algo metafísico, divino!

À medida que conversam, Nyan percebe como se esqueceu de muitas palavras da língua chinesa. O cérebro humano é algo fantástico, pois elas lá estão registradas, mas adormecidas. Ao ouvir o seu som, elas parecem ressuscitar e uma alegria interna imensa se apodera de Nyan, ao perceber este fenômeno.

Hua mostra para sua irmã, um roteiro que fez para prováveis lugares, que deverão visitar na China, deixando claro que a lista é aberta, a novas inclusões de propostas a outros destinos.

Nyan com a sua característica especial de discrição, natural dos asiáticos, aborda sua irmã sobre em que cidade mora o seu cunhado Denh, pois traz um recado do seu irmão Binh. A fim de não levantar suspeitas, acrescenta que a conversa é sobre informações da empresa, que Denh pretende abrir no país.

Hua responde que ele mora em uma cidade, aproximadamente 380 Km distante, de onde elas estão e o que ela pode se transportar até lá, via metrô. Se coloca a sua disposição, para acompanhá-la, se ela assim o desejar.

Nyan agradece e acrescenta que precisa agendar um determinado horário e dia para o encontro.

No dia seguinte, aproveitando-se que Hua havia ido ao supermercado, liga para o seu cunhado Denh. Denh, tudo bem? Aqui é a Nyan, sua cunhada, falando da casa da minha irmã Hua. Denh se surpreende ao saber que sua cunhada está na China. Nyam explica que precisa se encontrar com ele, para falar sobre algo muito sério, relacionado ao seu irmão.

Denh pergunta: mas por que você não me diz aqui, o que ele tem? Ela explica que ele apresentou um problema de saúde; que ela precisa conversar pessoalmente com ele a respeito do irmão e por telefone, não seria o ideal.

Denh concorda e marca um encontro, próximo ao local de trabalho dele.

Ao desligar o telefone, uma série de dúvidas surgem na cabeça de Denh. Deve ser algo muito grave, para Nyan vir à China. Será que meu irmão está com alguma doença terminal? Será que Nyan está providenciando para ele retornar à China? São muitas dúvidas que o atormentam.

Nyan por sua vez, achou melhor utilizar-se

dessa estratégia, de falar de um problema de saúde do irmão, pois conhece a estrutura chinesa de segurança nas comunicações e tem medo de que sua ligação seja controlada. Ela viveu de perto essa perseguição e sabe como trabalham.

No dia marcado, Nyan pega o metrô e se desloca para o encontro com seu cunhado. Da estação ao restaurante, uma distância de mais ou menos 350m, são cobertos em passos normais, em torno de 6 minutos.

Ao perceber a aproximação dela, Denh que já a aguardava, se coloca na calçada, no ângulo de visão, para que ela o aviste rapidamente. Como previsto, Nyan o nota e faz um gesto para indicar sua chegada. Adentram ao restaurante, sentam-se a uma mesa lateral. Denh traz um semblante pesado, de preocupação, contrariamente ao apresentado por sua cunhada Nyan. Isto o intriga, mas ele procura demonstrar serenidade, perante aquela angustiante situação de momento.

Entre sucos e sanduíches leves, Nyan explica para o seu cunhado, qual o motivo da sua viagem.

Que ela adotou a ideia, de falar sobre a saúde de Binh, para evitar dizer ao telefone, o real motivo dela estar ali, pois sabe que o governo mantém total controle sobre as comunicações e ela não quer correr riscos. Isto porque já sofreu na pele, a força opressora que ele possui.

Denh sente-se aliviado, com o que acaba de ouvir de sua cunhada e imediatamente suas feições tornam-se mais agradáveis e leves, quando diz: Ah, que bom, você me dizer essas coisas! Eu estava muito preocupado, porque meu irmão já tem uma certa idade, que inspira cuidados e surpresas ocorrem o tempo todo.

Com relação à forma pela qual você marcou o nosso encontro, foi muito boa, pois não levanta nenhuma suspeita.

Nyan comunica que o país foi invadido por um vírus, que contaminou todo o setor da educação e o segmento de energia. Que 40% do país se encontra paralisado. O número de crimes, roubos e saques segue em escala crescente e as autoridades não sabem o que fazer. O vírus é inteligente, segundo os especialistas, pois não é possível detectá-lo, por nenhum antivírus.

Seu irmão pede, que você interceda junto ao seu filho Ho, para ver se ele pode ajudar o país, que amável e fraternalmente recebeu eu, o seu tio e milhões de outros chineses. Após o pedido, entrega a Denh o pen drive, que traz consigo.

Em seguida, ela comenta com Denh, a preocupação que seu marido tinha, de que ela pudesse chegar, sem que houvesse tempo suficiente, para que ela passasse as informações a ele. E ele Denh, por sua vez, não conseguisse obter as informações do seu filho Ho, até a data de seu embarque para o país, para abertura da sua empresa de importação.

Denh a tranquiliza, dizendo: temos um tempo suficientemente bom, para que tudo dê certo. Hoje mesmo ligarei para Ho e marcarei uma visita a sua casa. Estando lá, comunicarei sobre tudo o que dissemos, bem como lhe entregarei o pen drive.

Meu filho gosta muito do país, que acolheu o seu tio e no qual abrirei a empresa agora.

Nyan muda de assunto e comenta com seu cunhado, a evolução ocorrida na China nos últimos 50 anos; de um país rural à segunda potência mundial. Suas estratégias de dominação sobre países, em vários continentes, diferenciam-se das conquistas empreendidas pelos portugueses.

Eles ocuparam novas terras a partir da coragem e das técnicas de navegação que possuíam. Já os chineses, ampliam o seu domínio, utilizando técnicas modernas, -seu poder econômico-, para a compra de terras, o empréstimo a países e o investimento em outros.

Antes de se despedir, Nyan reforça o pedido de ajuda, pois o país se encontra, no limite de uma guerra civil e que seria interessante, que ele reavaliasse a abertura da sua empresa nele. Nyan retorna à casa de sua irmã e Denh ao seu escritório.

Denh após conversar com sua cunhada, ao chegar em casa à noite, senta-se e põe-se a pensar sobre a forma de transmitir a informação trazida por ela, ao seu filho. Liga para Ho. Cauteloso, inicia a conversa dizendo: Alô Ho, tudo bem? Sua tia deixou uma lembrança para entregar a você, quando é que eu posso ir aí levar?

Ele responde: pode ser amanhã, às 19:00. E o resto, tudo bem?

Sim, amanhã conversamos, responde seu pai.

Ho mora no oitavo andar de um prédio residencial, perto do centro, onde seu pai trabalha.

Dez minutos antes do combinado Denh já se encontra embaixo, na portaria; ele sabe que o filho deve chegar naquela hora, então nem sobe, o aguarda no hall de entrada. Como previsto, cinco minutos depois chega seu filho, se cumprimentam e se dirigem ao elevador.

Conversas triviais do elevador até a porta apartamento de Ho. A sala não apresenta diferenças, em relação a outras de solteiros, mas os dois quartos lembram mais a uma biblioteca, devido ao número de livros. Um deles possui quatro computadores. À frente de cada um, encontra-se um bloco, canetas e anotações registradas.

Denh no trajeto do corredor para o quarto dos computadores, percebe que nas paredes existem dois quadros, representando a China antiga, onde trechos do Caminho da Seda são expostos. Ele tem a impressão de ter visto algumas meias espalhadas pelo chão, mas não tem certeza. A única que possui é a de que, parece que seu filho mora no quarto dos computadores, porque ali aparenta uma certa desorganização, contrária ao resto do apartamento.

Ho dá a entender que prefere conversar ali no quarto, a sentar-se no sofá da sala.

Aponta uma cadeira ao lado do computador e acomoda-se em uma outra em frente. Na posição em que se encontra, Denh nota algo similar a um frigobar e pergunta: nova aquisição?

Sim, responde Ho. Tem esquentado muito

ultimamente e com ele aqui, evita que eu vá a cozinha; ganho tempo.

Ho faz um sinal para o pai, como se pedisse um tempo e levanta-se. Liga dois computadores e retorna ao seu lugar, explicando: desculpa, mas eu tenho que completar um tipo de procedimento que termina hoje.

Seu pai faz um gesto de concordância, para em seguida explicar, tudo que ouviu de Nyan, esposa do seu irmão. Do vírus que infestou e quase paralisou o país. Que ele se encontra próximo a uma convulsão social, provocado por inflação elevada, desabastecimentos, escolas fechadas, falências e violência crescente.

Ho após ouvir o relato do pai, inicia sua fala dizendo: preocupante o que acabo de ouvir. Um vírus mutante e inteligente que se torna invisível, perante os software de controle.

Que estão lidando com um inimigo, do qual não tem a mínima ideia. Vou dar uma olhada nos arquivos do pen drive, trazido por você.

Estou no momento trabalhando, exatamente, para aumentar a segurança de nossa comunicação. A empresa está desenvolvendo dois novos sistemas de antivírus.

Espero poder contribuir com o país, que tão bem acolheu a minha família.

Denh complementando o que Ho acaba expressar, diz: e é lá que abrirei a empresa de importação. Trocam olhares de comprometimento: o paterno por acreditar no potencial do seu filho- defeito humano genético, impresso no DNA-, o filial, de saber da confiança que o pai deposita nele.

Conversam um pouco mais, incluindo banalidades e no final, antes de se despedirem, Ho pergunta quando o pai viajará. Dentro de 15 a 20 dias, responde Denh.

Se despedem com a declaração de Ho, de que tão logo tenha alguma resposta, fará contato com ele. Quando fecha a porta, na saída de seu pai e se dirige para o quarto, segue pensativo. Ele omitiu que está trabalhando no momento para o governo, buscando criar softwares capazes de blindar as comunicações, contra invasões de hackers ou vírus, como a relatada pelo pai.

Tem observado em suas incursões, como hacker, para acessar à internet e utilizando VPN (rede virtual privada ou virtual private network, do inglês) o aumento assustador de vírus invasivos, cada vez mais sofisticados.

No quarto dia, anterior a sua viagem, Denh recebe a ligação do seu filho, pedindo para passar no seu apartamento, se possível, hoje à noite, entre 18 e 19 horas.

Dez minutos antes do horário, Denh já se encontrava embaixo, na portaria do prédio, aguardando seu filho. Alguns minutos depois, ele surge e sobem, para o 18º andar, para o apartamento.

Ho pede desculpas pelo aviso intempestivo, explicando que sua empresa criou uma força-tarefa, para resolver um problema, que surgiu no novo software lançado. Que os funcionários só serão liberados, quando a solução acontecer.

Em seguida, entre sanduíches e refrigerantes, eles iniciam uma longa conversação. Grande parte dela voltada sobre o problema apresentado pelo pai. Ho explica que continua trabalhando para resolver o problema do vírus, e tem esperanças de solucioná-lo. Que uma mensagem, das duas existentes no pen drive, já conseguiu decifrá-la. Um detalhe que foi bem evidenciado, é relativo à origem do vírus, explicado de forma didática, por Ho. Segredo absoluto, confiança e esperança devem ser mantidos sobre este assunto, são as palavras finais de Ho.

O pai olha para o filho e diz: você conhece a fibra do seu tio Binh, da sua resiliência, coragem e confiança. Que podemos confiar nele. Fique tranquilo, nada, ninguém saberá o que ocorreu aqui nessa sala.

Binh, no intervalo de tempo da visita do seu aluno Jonas e a chegada de seu irmão Denh, analisa profundamente os dados deixados pelo aluno: as frases, o seu início, o seu percurso, o tipo de código utilizado e a forma de disseminação do vírus. A partir disto e apoiado em outras análises, elabora um excelente estudo, sobre os riscos que a humanidade está submetida, com essas novas tecnologias que surgem. Que o mundo moderno não pode prescindir da tecnologia, mas o problema é o que pode resultar dela, nas mãos de pessoas inescrupulosas.

Uma outra interpretação negativa que faz, que deve ser também discutida, é a de que a própria tecnologia, pelo número excessivo de informações que possa acumular e a velocidade exponencial de seu processamento, venha a se tornar superior ao ser humano, ou gerar desempregos, como ocorre agora, com a demissão de mais de 60 mil funcionários, em 5 meses, das Big Tech (Meta, Amazon, Microsoft e Alphabet (Google).

Em uma outra vertente do seu estudo, apresenta informação de que um chatbot (robô digital), o chat GPT, apresentou um bug, vazando informações pessoais de todos os seus usuários No estudo relata que o assunto vem sendo debatido por figuras importantes da sociedade, como Elon Musk, homem mais rico do mundo, Bill Gates e o foi, pelo falecido Stephen Hawking.

Que um grupo de cientistas, desenvolvedores de softwares e CEOs de Big Tech (maiores empresas de tecnologias do mundo) lançam apelos para que se criem normas e um intervalo de tempo, para lançamentos e inovações, com essas abordagens. Temem que tais tecnologias, possam tornar o mundo caótico, com ataques cibernéticos, Invasões de privacidade e quebra na segurança de dados. É preciso se criar um protocolo, para que elas sejam desenvolvidas, baseadas na moralidade, transparência e ética.

Analisando o que escreveu, o idoso professor passa a refletir sobre ele. Divaga no pensamento. Viaja sobre a tecnologia e o seu viés. No descobrimento dos elementos Polônio e Rádio em 1898, pelo casal Curie e da sua importância para o mundo atual, em diversos setores como a medicina, no tratamento do câncer com a radioterapia, a defesa com armas nucleares e as comunicações. No lado oposto, de como esses elementos, foram importantes para alavancar estudos da fissão nuclear, que resultaram na maior arma mortífera já construída, a bomba atômica. Raciocina o mestre chinês: sempre haverá a utilização de novas tecnologias e descobrimentos, que serão utilizadas de forma adversa ao seu objetivo principal. Isto faz parte da essência humana.

As tecnologias digitais, a guerra cibernética e suas armas digitais precisam, portanto, ser devidamente regulamentadas, como foi a bomba atômica, com a criação do Tratado de Não Proliferação Nuclear (TNP) que restringe o uso e o desenvolvimento de tecnologias e armas nucleares, assinado em 1968 e ainda em vigor. Nesta mesma linha, medidas continuam sendo adotadas, para minimizar os potenciais riscos advindas da energia nuclear, como o recente Tratado sobre a Proibição de Armas Nucleares (TPAN), assinado por 86 países, contrários ao uso de armas nucleares, que entrou em vigor em 2021.

Sua reflexão o transporta ao presente momento, em que tecnologias, como a atual Inteligência Artificial, ameaçam o mundo de forma destruidora. Neste instante, uma certa inquietação percorre seu corpo. Seus pensamentos fluem velozmente e o levam a espantar-se, com as conclusões dele resultantes.

Vivemos em um paradoxo: por um lado obtemos todas as informações do mundo e por outro, perdemos a liberdade e até a vida, em um simples clicar de dedos.

Será que esse vírus que surge nos computadores do país, não é um ataque cibernético de hackers, utilizando brechas da Inteligência Artificial? Se pergunta.

Revê mentalmente toda a história contada pelo seu aluno, da ameaça provocada pela mensagem que apareceu nos computadores. Uma frase pode desestabilizar a psique humana. De como ela se expandiu, provocando a paralisação de atividades essenciais à vida.

E se indaga, ao comparar o poder de uma simples frase, uma pergunta comum, que deveria ser respondida naturalmente, seja capaz de desestabilizar um ser humano racional e inteligente. Será que o pecado de Adão, de comer do fruto proibido, descrito nas escrituras, é o responsável por essa nossa incompletude de amor ou sexo?

Ou por esta culpa carregada, dissimulada sob diversas capas, onde a racionalidade é submetida a punções, submersos no inconsciente?

E continua nessa linha de raciocínio, se questionando: por que somos seres desconfiados de tudo e de todos? Até da pessoa amada e de nós mesmos? O doutor professor não percebe que suas dúvidas referem-se a questões emblemáticas, que resvalam na psicologia e psicanálise, com interpretações variadas, diferentemente dos problemas matemáticos, exatos, nos quais passou grande parte de sua vida envolvido.

Após a inquietante divagação, sua mente esquiva-se de questões metafísicas e retorna à realidade.

Não há como parar o progresso alcançado pelas tecnologias, que se suplantam a um tempo cada vez menor. Deve-se sim, criar sistema de segurança, via softwares e protocolos para conviver com elas.

Qualquer cidadão que possui um celular, teoricamente tem todos os dados da sua vida coletados, incluindo a perda de sua privacidade.

O problema é este gigantesco banco de dados pessoais, na mão de governos ditatoriais, como ocorre no meu país, do outro lado do mundo. O progresso admirável conquistado, não pode ser o preço da liberdade, o bem maior do ser humano.

Alguns dias após os questionamentos levantados pelo professor, seu irmão Denh retorna ao país, para consolidar a abertura de sua empresa de importação. Se hospeda próximo a sua casa, a um quarteirão de distância. Na noite do mesmo dia, vai até seu irmão. Abraçam-se afetuosamente.

Eles conversam amenidades, enquanto Binh serve um lanche.

Em seguida, Denh olha para o irmão, demonstrando preocupação diz: Não trago boas notícias, mas esperanças. Esperanças existem.

Denh, acostumado às intempéries da vida, com olhar suave responde: tudo bem, vamos em frente, incentivando o irmão, a falar.

Denh relata que seu filho Ho, aproveitando ser chamado para solução de uma emergência pelo governo, teve acesso ao computador quântico mais veloz existente no planeta.

Nele, fez rastreamentos e cálculos para decodificar a criptografia existente em alguns registros de arquivos, que foram enviados no pen drive.

Após duas horas e 15 minutos de cálculos, descobre que os registros foram encriptados por nenhum dos atuais modelos existentes. Talvez sim, por algo similar a algoritmos quânticos, usando uma rede neural, que ainda não conseguimos desenvolver. Ele disse que ficou temeroso em relação ao futuro, do que poderá vir a acontecer, se o mundo for invadido por mensagens ameaçadoras, impossíveis de serem descriptografadas e baseadas em redes neurais, capazes de suplantar o cérebro humano, pela sua velocidade quântica de processamento. E como elas podem ser danosas, ao quebrar a senha de bancos, laboratórios de pesquisa, centro de defesa de países e demais atividades mantidas sob código de acesso.

Com relação aos dizeres das duas mensagens, somente a primeira que apareceu no computador do Arthur mereceu o seu destaque. As outras, são afirmativas normais, corriqueiras e humanas, mas capazes de desestabilizar o racional.

Denh abre sua pasta, retira uma folha de papel e caneta. À medida que escreve, explica para seu irmão o que Ho lhe disse.

Que a mensagem "LZXZ.42", que surgiu na tela de Arthur, no início da história, que foi sumindo lentamente e desapareceu, refere-se a um código.

O código é uma combinação de letras e números, que se compõe de duas partes: a primeira com quatro letras, "LZXZ" remonta a uma citação bíblica, descrita em Êxodo 3:14, quando Moisés perguntou a Deus, quem Ele era e Ele respondeu: "Eu Sou Quem Sou". As primeiras letras, das quatro palavras, ditas na resposta são respectivamente: "ESQS". Que essas quatro letras sofreram um processo de codificação ou "Cifra de César", no qual cada letra foi substituída por outra, sete casas a sua frente. Assim a letra "E" passou à letra "L", a letra "S" a "Z" e a letra "Q" passou à letra "X". Resultando assim, no código: "LZXZ".

A segunda parte, composta por dois números, 4 e 2, reporta-se a um antigo sistema de codificação telefônica, encontrado ainda em alguns telefones fixos, onde na tecla, sob o número, existe uma letra. O número quatro se refere à letra "I" e o número 2 à letra "A". O ".", um símbolo gráfico, de escrita normal.

Traduzindo o código "LZXZ.42": "L" =Eu; "Z" =Sou; "X" =Quem;

4 ="I" e 2 ="A".

"IA" =Inteligência Artificial.

Assim, formatando resulta: "EU SOU QUEM SOU. INTELIGÊNCIA ARTIFICIAL".

Denh relata ainda, que seu filho falou da preocupação que a tecnologia está provocando no mundo, com os os ataques cibernéticos, cada vez mais comuns entre países. Comentou que recentemente os Estados Unidos sofreram uma invasão de hackers russos, que introduziram vírus nos sistemas de governança, dificultando o acesso a algumas atividades essenciais. O número de tentativas de ataques cibernéticos no mundo, segundo ele, deve girar em torno de mais de 80 bilhões por ano, número astronômico!

Que países em desenvolvimento são os alvos mais fáceis para essas armas digitais, que extraem dados confidenciais dos cidadãos comuns e os vendem ou ainda, através de extorsão, exigem pagamento, para que os dados possam ser devolvidos ou acessados.

Insinua até a possibilidade de que um grupo de hackers, esteja por trás da frase, utilizando-se de tecnologia artificial, por interesses financeiros pessoais ou de países, com interesses estranhos.

Ele disse que está estudando muito, para solucionar o desafio proposto, mas acredita que em breve, muito breve, a solução será encontrada.

Ao terminar o seu relato, Denh percebe seu irmão, com olhar perdido no horizonte e o aguarda retornar à realidade.

Binh conta que sua imaginação, levou-o aos tempos sombrios, de perseguição, impostos pelo governo, induzindo a população a uma luta fratricida mortal. E o mesmo ocorre agora, com a divulgação de mensagens, cujo conteúdo, sem disparar um único tiro, possui o poder de aniquilar a humanidade.

Passado esse momento de reminiscências dolorosas, Binh raciocina como colocar melhor seus pensamentos, para que seu irmão os entenda com clareza, pois sabe que ele trilhou o caminhos diferentes do seu; muito cedo começou a envolver-se em atividades mercantis e logo que completou a maioridade, desenvolveu o protótipo, daquilo que seria uma grande empresa de venda de peças de bicicleta. E sabe que ele é um sujeito inteligente, muito ágil mentalmente e que pega facilmente as coisas, portanto não terá dificuldades em entender, o que está ocorrendo.

Assim, Binh inicia a sua fala de forma calma, tentando correlacionar os estudos que fez, com o que ele acabou de ouvir do seu irmão Denh, principalmente com relação à decodificação da frase, na qual a Inteligência Artificial é comparada a Deus.

Como o Criador pode servir como parâmetro de equivalência, para algo criado por uma de suas criaturas? Querem desafiar Deus? Pergunta Binh.

Explica como o mundo está se tornando digital e como um número reduzido de grupos o controlam. Do perigo que as comunicações exercem sobre o ser humano, principalmente essas novas tecnologias, como a que emerge no momento, a inteligência artificial.

E de como uma simples frase pode parar um país, imagine o vazamento de informações pessoais, o que poderá resultar? Vive-se uma guerra cibernética.

Denh ouve seu irmão e fica empolgado com o

vasto conhecimento dele e apreensivo, com a ameaça que pesa sobre o mundo, com o nível alcançado de riscos tecnologia que atingimos, como bem disse seu filho e agora o seu irmão. Que um simples vírus, pode ser capaz de parar um país. A humanidade precisa urgentemente desenvolver mecanismos, normas e protocolos para evitar, que algo criado por ela, não a subjugue.

Denh conversa outros assuntos com o irmão, fala da empresa de importação que está registrando. Ela deverá entrar em funcionamento, no máximo, em seis meses. Confidencia ao irmão que é muito demorada a abertura do registro de uma firma aqui. São muitos órgãos envolvidos, bem como uma papelada imensa, mas de acordo com o seu contador, todas as exigências já foram cumpridas. Que retornará à China, na próxima semana.

Binh por sua vez, abraça o irmão e o agradece, pela ajuda prestada como interface entre seu filho e ele, garantindo que o sigilo nunca será quebrado, sobre este assunto.

Alguns dias após a conversa dos dois irmãos, Nyan se despede de sua irmã e retorna a sua segunda pátria. No avião, as recordações do encontro, as imagens de sua irmã. Ao perceber que ela continua com o frescor da juventude e a sua natural espiritualidade, não comuns aos povos asiáticos. Tudo a torna feliz. Depois, desfilam em sua mente, as visitas e as mudanças ocorridas, nesse meio século que as distanciou.

Nyan, apesar do número de informações que

dispunha, se espantou ao chegar à China, meio século depois da sua partida. Deixou um país subdesenvolvido, com Produto Interno Bruto (PIB) de US$ 150 bilhões e ao retornar, o encontra como a segunda maior economia do mundo, com um PIB de mais de 12 trilhões de dólares.

Ela conhece, por ser professora, como se deu o crescimento da China, com as reformas econômicas implementadas, a partir de 1970. Tudo começou com a sua aceitação, pela Organização das Nações Unidas (ONU), finalizando um longo período de embargos comerciais, alguns anos após seu rompimento com a União Soviética.

O país se abriu a investimentos externos e o governo optou pelo fortalecimento de suas indústrias, criando zonas especiais de fabricação, com foco na produção para exportação. Migrou de uma economia planificada pelo estado, para uma economia mista. De um país rural, para uma potência industrial.

Embora seja radicalmente contra o tipo de governo, reconhece que essa conquista, de ser a segunda potência mundial, se deve ao altíssimo investimento na educação. É ela, a educação, que possibilita as inovações tecnológicas, que agregam valor ao país.

Em seguida, seus pensamentos tomam novo ritmo e recorda a visita com sua irmã, ao mais alto edifício da China, em Xangai. Conhecido como o Shanghai Tower, a Torre de Xangai. Relembra-se de informações que obteve, a partir de um catálogo disponibilizado na recepção, que ressalta os seus pontos mais importantes como: ele é uma bela obra de engenharia, construído em aço, composto de nove edifícios cilindros que são colocados uns sobre os outros, envelopados por vidraças duplas, em formato de hélice, até o seu topo.

Entra as informações colhidas, a que mais chamou a atenção de Nyan, foi a do uso de modernas tecnologias, aproveitando todos os recursos naturais fornecidos pela natureza, como a energia solar, eólica, pluvial e a geotérmica.

Um outro dado que ela achou importante é relativo ao meio ambiente. Apesar da China ser considerada um dos maiores poluidores do planeta, ela busca mitigar esse problema, através de construções modernas. A torre é um exemplo, onde a construção atendeu a vários elementos da arquitetura verde ou arquitetura sustentável, conferindo certificados aos seus construtores.

Outro detalhe que a impactou refere-se a altura de mais de 600m da torre, com seus mais de 130 andares.

Ela lembra-se da fila de entrada, apesar da elevada capacidade de visitação, de até 16.000 pessoas por dia, possibilitada pela presença de 106 elevadores, dentre os quais, alguns são os mais rápidos do mundo.

Que sua irmã informou que a torre é o mais alto edifício da China e o segundo do mundo, tendo a sua frente, apenas o Burj Khalifa, em Dubai, nos Emirados Árabes Unidos.

Uma outra recordação que surge a sua mente,

refere-se ao diálogo com sua irmã o homem é habilidoso em construir coisas tão belas, respeitando a natureza e utilizando-a como aliada e ser incapaz de frear a sua própria belicosidade? Quando o homem vai amadurecer, se humanizar?

Os olhos amendoados e sábios de sua irmã responderam: quando se voltar para o seu interior, mas seus lábios pronunciaram: quando perceber que todos somos irmãos, todos em um único planeta, a Terra.

Enquanto Nyan deixa a China, seu sobrinho Ho continua trabalhando para solucionar o problema da criptografia, que encontrou nos arquivos deixados pelo pai.

Os computadores quânticos que usa, são muito velozes, mas seus resultados nem sempre confiáveis e necessitam ser repetidos muitas vezes. A interpretação dos seus dados, requer a ajuda de computadores comuns. Ele se utiliza de um sistema híbrido, de computadores binários e quânticos. Por fim, depois de muito analisar, consegue descriptografar o arquivo. E cria um antivírus, que testou e foi capaz de eliminar o vírus. Em seguida, avalia como ajudar o seu tio, exterminando a ameaça que está destruindo o seu país.

Ato contínuo, pensa como difundir esse antivírus nos computadores infectados.

Suas habilidades de hacker, o habilitam a quebrar a rede de proteção do governo, ligado aos sistemas de educação e da energia, cujos segmentos haviam sido infectados.

Invade o sistema e adquire as senhas dos ministros e com ela, acessa os seus contatos. Em seguida, prepara um e-mail a ser enviado para os endereços dos contatos dos ministros, referente à área de educação e energia.

Enquanto elabora a redação do e-mail, Ho é tomado por um sentimento de percepção diferenciada, pois lembra-se da origem de tudo, da enigmática mensagem "LZXZ.42". Que ela apareceu no computador de Arthur, o diretor da multinacional de gases. Qual teria sido a razão disso? O que de diferente ele possui, para que tenha sido escolhido como o portador da propagação do vírus no país?

Continua trabalhando, mas a dúvida ficou armazenada em sua mente, buscando uma resposta.

O e-mail enviado aos ministros de energia e educação é escrito em chinês e traduzido, diz o seguinte:

SEGURANÇA NACIONAL
URGÊNCIA MÁXIMA

Nossos cientistas, academia e intelectuais desenvolveram um antivírus, capaz de destruir a ameaça que paira sobre o nosso país. Para instalá-lo, clique no link abaixo. Por favor, repasse este e-mail a todos os seus subordinados, parceiros e colaboradores.

Após escrever o e-mail, Ho faz uma revisão para ver se utiliza os termos corretos; se incorreu em algum erro gritante. Aparentemente não, é o que vê.

Após passar os olhos sobre o texto, resolve enviá-lo. Dispara e-mails para os presidentes, diretores e gestores dos segmentos de educação e energia, incluindo o de gás.

O e-mail contém um link, um antivírus, que deve ser aberto para limpeza do vírus. Ao se clicar nele, o programa faz uma busca pelos vírus e os destrói.

Olhando o computador finalizar a tarefa de envio, o nome Arthur ressurge em sua mente, indagativo: por que ele foi escolhido?

Ho ao se questionar sobre o porquê de Arthur ser escolhido, não percebe a sua própria conexão com o universo. Dele estar naquele momento ali, fazendo parte de um evento que_se prolonga no espaço, até que o seu objetivo seja alcançado. Nem sequer imagina que alguns membros da família Chung possuem uma intuição diferenciada, que os conectam com maior facilidade ao Cosmos.

Tampouco supõe que essa intuição seja um fenômeno produzido por energias desconhecidas, de partículas subatômicas ainda distantes do saber dos humanos, relacionada à incipiente física quântica, que a ciência inicia o seu trilhar.

Que as comunicações do humano com o sagrado fazem parte da história do mundo, como já relatado nos livros do hinduísmo e uma série de outros. E continuam com os gregos que criaram as famosas lendas, onde deuses interferiam na vida dos humanos.

Ho naquele instante de questionamentos

sobre o porquê de Arthur ter sido escolhido, faz parte de um dos inúmeros eventos de uma enorme cadeia de acontecimentos, todos direcionado a um determinado fim, no caso, o bem. Há outros no sentido contrário; a luta é eterna.

Eu vou descobrir porque ele foi o escolhido! É a resposta mental do seu pensamento. Acesse o computador de Arthur, através dos arquivos existentes no pen drive recebido.

Faz uma busca apurada em toda a história de vida dele, a partir dos dados existentes no seu computador e na rede mundial.

Descobre, parece ser essa sua percepção, de que Arthur possui uma ligação muito intensa com a busca da espiritualidade e da consciência cósmica. Que ele é um buscador espiritual.

Que esse direcionamento teve início com o cristianismo de sua mãe, muito católica, que escutava o programa de rádio, diário, às 18 horas, chamado Ave Maria, de Júlio Louzada e de seu pai, do lado oposto, a visitar centros de Umbanda, ainda muito jovem, por volta de 6 a 7 anos de idade.

Na maioridade, seus primeiros contatos foram com a religião Espírita Kardecista, através da compra da coleção dos sete principais livros de Allan Kardec.

Após a leitura de todos, incluindo a Gênese, que ele não gostou, resolveu afastar-se um pouco do espiritismo.

Em seguida, já casado, sedento por algo metafísico, que pudesse abrandar a sua inquietação, descobre a ordem filosófica Rosa Cruz e se torna membro da Mística Ordem Rosae Crucis, AMORC, fundada no século 17.

Ela busca o desenvolvimento integral do ser humano, a parte psíquica, física e espiritual, através de conhecimentos ancestrais do ocultismo, da cabala, da gnose, do hermetismo e da filosofia. Dá prosseguimento a sua inquietação interior e retorna à Religião Kardecista, com uma nova visão, mais ampliada. Faz o curso de um ano, para habilitar-se a dar passes. Torna-se passista. Sua busca ainda não havia sido saciada. Ele a procura, onde pensa encontrá-la, na Umbanda.

Participa de todos os rituais, de seus bastidores, das datas de comemoração de entidades, oferendas, incluindo fim de ano na praia, comemorando Iemanjá.

Depois de algum tempo, percebe que ela também não completa as suas aflições e a abandona.

Levado por circunstâncias do viver humano, encontra apoio nas igrejas neopentecostais, através do Espírito Santo, mas depois de certo tempo, também estas não o completam.

A sua busca espiritual não encontra a completude necessária aos seus anseios; ele acredita que o universo precisa ser entendido como um todo, de modo holístico. Não pela fragmentação, pela divisão de religiões, cada qual atribuindo um valor ao seu Deus. A partir disso, inicia o processo de busca do seu universo interior, que compõe cada ser humano. Ele encontra coerência na frase "Conhece-te a ti mesmo", exposta no Oráculo de

Delfos, no templo de Apolo, que expressa o entendimento filosófico, de que o homem possui dentro de si todo o conhecimento do universo, bastando apenas despertá-lo.

Após juntar toda essa coletânea de dados sobre Arthur, HO Chung a analisa e conclui: essa procura em que Arthur se encontra, parece ser a percepção das pessoas que possuem uma espiritualidade voltada para o bem comum, a compaixão, a caridade e a empatia. Elas têm o propósito de tornar o mundo melhor, para todos.

A partir do conhecimento adquirido sobre Arthur, Ho resolve tomar uma atitude, para mitigar a angústia existente em sua mente, sobre o que representa aquela mensagem, que apareceu nublada no seu computador.

Entra no e-mail de Arthur e lhe envia uma mensagem, decifrando o significado da mensagem que ele recebeu e o porquê ele foi escolhido, para ser o propagador do vírus.

O e-mail que Ho escreveu, já traduzido do chinês, é o seguinte:

Olá, Arthur!

Você não me conhece, mas estamos ligados nessa grande teia cósmica, chamada planeta. Você foi o único que viu a enigmática mensagem "LZXZ.42", a qual ficou na dúvida, se viu ou não, pois ela surgia sob uma névoa, de maneira difusa. Pois bem, vou decifrá-la.

"LZXZ.42", refere-se a um código, uma

combinação de letras e números. Que se compõe de duas partes: uma, a primeira, de uma emblemática resposta religiosa e a segunda, os números, a um antigo sistema de digitação encontrado nos telefones fixos, onde na tecla, sob o número existe uma letra.

O ".", que faz parte do código, um símbolo gráfico, de escrita normal.

As letras, cada uma delas, significando a primeira letra de cada palavra, com as quais Deus instrui Moisés, a dizer para o seu povo sobre ele. (Êxodo 3:14-15), respondendo: Eu Sou Quem Sou.

As primeiras letras, das quatro palavras, ditas na resposta são respectivamente: "ESQS". Que elas sofreram um processo de codificação ou "Cifra de César", no qual cada letra foi substituída por outra, sete casas a sua frente. Assim a letra "E" passou à letra "L", a letra "S" a "Z" e a letra "Q" passou à letra "X". Resultando assim, no código: "LZXZ".

Os dois números referem-se ao sistema de digitação, utilizado nos telefones fixos antigos, onde o 4 ="I", 2 ="A" e "IA" =Inteligência Artificial.

Assim, formatando o código "LZXZ.42", resulta: "EU SOU QUEM SOU. INTELIGÊNCIA ARTIFICIAL".

Arthur, você um buscador espiritual, foi a opção que possibilitou que seu país não estivesse estagnado agora, com todos os horrores advindos dessa paralisação. Se o vírus continuasse a operar da forma como foi planejado, isto é, incluindo os setores de transportes, alimentação, saúde e outros, eu não estaria aqui, escrevendo esta mensagem, pois não haveria mais essa possibilidade.

Como você bem sabe, por ter passado pelo catolicismo da sua mãe, a umbanda do seu pai, o espiritismo kardecista, a ordem Rosa Cruz, igrejas neopentecostais e ter se voltado para o seu interior, entende o que estou dizendo. Estamos todos ligados, nessa grande teia cósmica, onde nossos pensamentos refletem-se uns sobre os outros, resultando no que nos cerca. E que o conhecimento almejado por todos, encontra-se no interior de cada um de nós, bastando que nos esforcemos para extraí-lo. Possuímos um verdadeiro diamante interior, que precisa ser lapidado, para que o seu brilho se difunda e ilumine outros seres humanos.

Reflita sobre o que eu vou lhe dizer agora: você foi o primeiro a receber a mensagem. Em seguida, foi chamado pelo seu grande amigo Rômulo. A partir dele, uma série de elementos foram conectados, para eu estar hoje aqui. Continue na busca do bem comum, da caridade, da compaixão, da empatia e do amor, isto é a paz cósmica!

Após a leitura deste e-mail, surgirá na tela do seu computador a mesma mensagem "LZXZ.42".

Ela retorna, com um agravante: não se apaga e apresenta um botão escrito "clique aqui". Ao clicar nele, uma barra verde surgirá na tela, indicando a progressão de um programa. Ao fim de milésimos de segundos, os dizeres: "isento de vírus".

E abaixo do escrito, um piscar de luzes intermitentes, aumentando e diminuindo, ecoará na tela três palavras: Guardiões do Bem.

Solicito que ao terminar a leitura deste e-mail, o destrua. Mantenha sigilo absoluto sobre o mesmo e sobre tudo que dissemos aqui, para resguardar o seu país.

Do outro lado do mundo, após a despedida de seu irmão Denh, o idoso professor doutor, de posse de suas análises e das informações recebidas de seu sobrinho Ho, avalia como passá-las para o seu aluno Jonas.

Após várias possibilidades consideradas, sempre tendo em mente o segredo que deve ser mantido, em termos de segurança, sobre o contato com seu irmão, -isto não pode ser revelado-, consegue elaborar uma estratégia, que ele julga mais adequada.

Relembra toda a história contada por Jonas e extrai dela informações, de que um vírus apareceu no computador de Arthur, diretor de vendas da multinacional de gases. Que ele foi contatado pelo seu amigo Rômulo, diretor de produção da maior empresa de energia, preocupado com a frase que apareceu no seu computador. E por fim, que Rômulo procurou o seu aluno Jonas, Diretor de TI.

A partir desses dados elabora um plano. Telefona para Jonas e marca um encontro, em sua casa. O aluno após receber a ligação, cria em sua mente expectativas, entre elas a seguinte: será que o professor conseguiu progresso, em suas análises, sobre a ameaça que paira sobre o país? Se pergunta.

O encontro foi marcado para a noite, porque

Jonas estava voltando de uma viagem de férias excepcionais, de 3 dias e se encontrava distante, centenas de quilômetros.

No seu trajeto, Jonas avalia que, aproximadamente 40% do segmento de energia já se paralisado, com os nefastos prejuízos advindos dele.

E que no setor de gases especiais, deve ser um pouco menor, talvez 30%. Que tudo está se tornando muito difícil no país, com a elevação da inflação, escolas fechadas, desabastecimentos e um exagerado aumento da violência.

Que apesar de todo o esforço de acadêmicos, especialistas, intelectuais e hackers especializados em segurança cibernética, ainda não se consegue ver uma luz no fim do túnel.

Sua preocupação aumenta, quando sua mente evoca a lembrança de um documento apócrifo, veiculado pelas mídias. O seu título é: "Sem amor, sem energia e sem vida". Ele descreve um cenário caótico, de fim do mundo: que o "vírus do amor" derrubou a produção de diesel, pela falta de operadores em suas unidades. Uma reação em cadeia ocorreu a partir da ausência deste combustível. Os postos não têm diesel em suas bombas, para alimentar os caminhões que fazem o transporte de alimentos, dos campos para os centros de distribuição; bem como dos insumos importados, para a fertilização dos solos, nos campos. Como o campo não pode liberar a sua produção para venda e ao mesmo tempo fica impedido de produzir mais, pela falta de insumos, a consequência imediata é a falta de alimentos. Com ela, a elevação dos preços e da inflação. A falta de alimentos gerou mais violências, com saques a supermercados e até à população civil mais abastada. São criadas forças de segurança, para atuar por todo o país, contra ataques às cadeias de distribuição de alimentos. A população estoca o que pode, preocupada com ataques de vândalos, que formam tribos para invadir onde suspeitam existir alimentos. Os supermercados fecham, pois não existem mercadorias para comercialização. A situação foge ao controle. Mata-se por um pedaço de pão. Enormes massas de pessoas se deslocam, da cidade para o campo, em busca de alimentos. Neste trajeto, muitas vezes são assaltados por grupos, que roubam os alimentos de reserva que trazem consigo.

Assim como ocorreu com a falta do diesel, o mesmo foi estendido para gasolina. Os postos de combustíveis agora não têm gasolina, nem diesel para oferecer a seus clientes.

Caminhões são deixados nas estradas e automóveis nas ruas, por falta de combustível, gerando saques e transtornos.

O sistema de transporte marítimo entra em colapso, com a falta de diesel marítimo. Navios carregados permanecem nos portos e sofrem ataques de hordas de famintos.

O último elemento dessa cadeia de transporte, a aviação, também sucumbiu, pois o querosene utilizado em seus motores, deixou de existir. Os pátios dos aeroportos estão superlotados de aviões.

A população corre para os únicos meios de transporte ainda existentes, como os trens e o metrô, para se deslocar para os campos.

Mas esses modais também sofrem paralisação. A energia elétrica que consomem provém de usinas termelétricas, que utilizam gás natural, que colapsou com o vírus.

Os gases medicinais, utilizados nos hospitais e clínicas médicas, sofrem um controle extremo em sua utilização, a fim de resguardar pacientes que necessitam deles para viver.

Viver passou a ser uma questão gerencial e não humana, o que gerou protestos gigantescos, replicado em todas mídias e imprensa. Operações deixam de ser realizadas, pacientes são enviados para casa, não há mais condições de manter as internações.

Um visão inimaginável, como se fosse uma cidade fantasma, é o retrato do país. Carros abandonados, milicianos fortemente armados caminham como zumbis, à procura de água e alimentos, atacando outros grupos rivais, para controle do local e seu saque. Um cenário onde a ancestralidade animal se faz presente, o lobo homem superando o homo sapiens.

Após a lembrança do documento e do cenário que ele projeta, divaga no pensamento e quando vê, já está tocando a campainha do apartamento do professor.

O mestre tem um carinho especial por este aluno, pelo seu esforço e dedicação demonstrados durante o curso e sua imensa empatia. O docente o abraça, em um sentimento lindo, traduzido por corações que se gostam. O aluno por reconhecer no mestre, um guru, alguém que sabe muito mais. O professor por saber que seu aluno atingiu elevada qualificação profissional, como Diretor de TI, da maior empresa de energia do país. Ele sente satisfação por ter contribuído, com alguma parte, deste sucesso.

Binh convida Jonas a sentar-se à majestosa mesa de jacarandá, onde relata, resumidamente, as três folhas de sua análise, sobre o que conseguiu apurar, a partir das informações que ele forneceu.

O professor inicia a sua explicação, fazendo uma abordagem interessante sobre a tecnologia. Não há como parar a tecnologia; ela é que impulsiona o progresso e o bem-estar humano. Alguém pode imaginar, como seria em termos de alimentação, suprir quase 8 bilhões de pessoas no mundo? Ou em outra vertente, os avanços atingidos pela medicina e saúde em geral?

A otimização do tempo na produção gerada pela tecnologia robótica; a análise de grandes bancos de dados, através de Big Data, aliado a Machine Learning gerando o Business Intelligence são avanços tecnológicos da sociedade.

O professor neste momento, em devaneio, faz uma reflexão sobre como a interpretação da otimização do tempo, pode variar ao longo da evolução humana. Trabalhava-se em torno de 12 horas ou mais diariamente. Paulatinamente este tempo foi sendo diminuído; há uma década atrás, em torno de 8 a 10 horas por dia, quando o filósofo italiano Domênico de Masi, com o lançamento de seu livro, Ócio Criativo, pregava a harmonia entre três aspectos importantes do ser: o trabalho, o estudo e o lazer. A fim de que o valor obtido pelo trabalho seja capaz de proporcionar estudo, que agregue conhecimento e o lazer, gerando prazer. A perfeita interação entre esses três elementos: trabalho, educação e lazer promoveriam a elevação de toda a sociedade. Na época que o livro foi escrito, novas tecnologias haviam sido descobertas, proporcionando redução no tempo de trabalho. O mestre em sua reflexão questiona o aluno: hoje possuímos uma tecnologia muito mais evoluída, que possibilita uma jornada de trabalho bem menor, mas é isto o que está acontecendo? Ou estamos cada vez trabalhando mais, diminuindo o nosso lazer, apesar de todos os avanços tecnológicos obtidos?

Após essa digressão, o docente retorna ao assunto de sua análise. As tecnologias evoluem, de forma que se superem, assim como aos seus riscos. Não há como interrompê-la, precisa-se sim, criar mecanismos para protegê-la de mau uso. Não há como negar a evolução que a sociedade obtém com o seu uso e não há como voltar atrás.

É preciso estabelecer valores, entre o progresso advindo das tecnologias e o seu risco inevitável. As normas e protocolos sobre Inteligência Artificial devem sopesar, o progresso versus os riscos.

O professor cita o interessante exemplo, do

risco e vulnerabilidade de um sistema de defesa de um país, baseado em Inteligência Artificial. Hackers invadem o sistema e alteram o algoritmo, criando uma nova instrução, não prevista em sua codificação original. Isto pode confundir o sistema de defesa, gerando comportamentos estranhos como resposta.

Ao invés de se defender, atacando o inimigo, o país se auto ataca. O sistema enlouquece.

O mestre finaliza seu comentário, esclarecendo que a Inteligência Artificial pode predizer ações futuras, baseadas em sua programação, mas não têm a habilidade do cérebro humano, de reagir frente a situações inusitadas, de forma sensata. Diferentemente, ela pode responder de forma desastrosa, frente a algo não previsto anteriormente, em uma de suas variáveis. Ela não possui senso crítico.

O Doutor faz a sugestão de criação de um programa similar ao Firewall, ao Antispam e ao Antivírus, para neutralizar a ação da Inteligência Artificial maliciosa, assim como é a favor da formatação de um protocolo, para regular o uso da Inteligência Artificial.

E por fim, termina deixando uma inquietante pergunta: o dia em que a tecnologia for capaz de operar a inteligência emocional e de pensar de forma autônoma como o cérebro humano, que tipo de ser nos tornaremos, humanos ou máquinas? Ainda existiremos?

Após esse início de conversa, o mestre explica que acredita ter decodificado a mensagem que surgiu, aparentemente, somente no computador do Arthur, de forma pouco nítida, mas que ele conseguiu descrever como "LZXZ.42".

Antes de sua fala, ele volta os olhos para Jonas, mas eles perpassam o seu corpo e tornam-se perdidos no horizonte, quando diz: você já parou para pensar porque só o Arthur viu essa frase e ninguém mais? Já pensou o poder destrutivo desse vírus, se invadisse simultaneamente, vários setores importantes do país?

E continua: Jonas, a única explicação que pode nos ajudar na compreensão do momento atual, já foi dita há mais de quatro séculos por William Shakespeare, na sua famosa frase "Há mais coisas entre o céu e a terra, do que sonha a nossa vã filosofia"

Jonas percebe que o professor parece não estar ali presente, embora sua figura esteja a sua frente. É como se os seus olhos abertos, perdidos no horizonte, servissem para conectá-lo a uma outra dimensão. Sua voz tem leve diferente entonação e uma maior pausa entre as palavras.

Passado esse instante de transfiguração, o mestre reinicia sua explicação: o código refere-se a uma combinação de letras e números, que se compõe de duas partes: a primeira com quatro letras, "LZXZ", remonta a uma citação bíblica descrita em Êxodo 3:14, quando Moisés perguntou a Deus quem Ele era e Ele respondeu: "Eu Sou Quem Sou". As primeiras letras, das quatro palavras, ditas na resposta são respectivamente: "ESQS".

Mas além da citação bíblica, ela sofreu um processo de codificação ou "Cifra de César", no qual cada letra foi substituída por outra, sete casas a sua frente. Assim a letra "E" passou à letra "L", a letra "S" a "Z" e a letra "Q" passou à letra "X". Resultando assim, no código: "LZXZ".

A segunda parte, composta por dois números, 4 e 2, reporta-se a um antigo sistema de codificação telefônica, encontrado ainda em alguns telefones fixos, onde na tecla, sob o número, existe uma letra. O número quatro se refere à letra "I" e o número 2 à letra "A". O "." , um símbolo gráfico, de escrita normal.

Traduzindo o código "LZXZ.42": "L" =Eu; "Z" =Sou; "X" =Quem;

4 ="I" e 2 ="A".

"IA" =Inteligência Artificial.

Assim, formatando resulta: "EU SOU QUEM SOU. INTELIGÊNCIA ARTIFICIAL"

O mestre explica para Jonas, que inferiu a letra "I", como Inteligência e a letra "A" como Artificial, pois acredita que o vírus que está invadindo o país, seja a má utilização da Inteligência Artificial por hackers ou grupos deles, sabe-se lá, sob que propósitos pessoais ou de países.

Que a frase decodificada, sugere uma comparação entre a Inteligência Artificial e Deus. O homem ou o que poderá resultar dele, como essa tecnologia, -a Inteligência Artificial-, deverá sofrer as consequências da sua vaidade, orgulho e prepotência. Será o causador da sua própria destruição, que parece ter começado.

O mestre omite, por segurança, que essa informação foi passada pelo seu sobrinho Ho. A neve dos seus cabelos, o credencia à prudência.

Nyan com seus passos pequenos, caminha ou desliza em direção a eles, segurando uma bandeja prateada, com suco de cupuaçu e biscoitos de chocolate.

Alguém jamais poderia imaginar, que atrás daquela doce figura, envelhecida pelo tempo, pudesse existir uma energia tão vibrante quanto a dela? Quem ousaria, mesmo que no momento de uma profunda divagação, supor que alguns dias atrás, ela estava na China, diligentemente participando de um arriscado, ambicioso e corajoso plano, para salvar o seu segundo país, de uma ameaça que o está paralisando? Essa mesmo, que Jonas, o aluno de seu querido esposo, agora busca ajuda.

Assim como para ele Jonas, existe um espaço paralelo invisível, entre a figura que se apresenta a sua frente, oferecendo-lhe suco e biscoitos e as ações pretéritas e futuras decorrentes dela, assim também somos rodeados de situações invisíveis, que podem nos impulsionar ou retardar em nossos objetivos, tudo em função de nossos pensamentos. Jonas ao aceitar a gentileza de Nyan, intuitivamente percebe, que atrás daqueles olhos amendoados, grandes verdades e sabedorias estão presentes e basta incitá-los para que brilhem com a intensidade que possuem.

Durante a fala do mestre, o aluno fazia suas ponderações, tornando a conversação fluida e profunda, confirmando para o aluno, como era avançada a inteligência, a perspicácia e a argúcia daquele professor. Que pena que outros alunos não obtenham este saber, aposentado pela faculdade, pensava Jonas.

O mestre contou-lhe que ao procurar outros amigos, todos sem exceção, inclusive alguns intitulados como hackers do bem ou White Hat Hackers (hackers do chapéu branco), encontram-se perdidos e não acham explicação para a não presença de vírus, nos computadores contaminados com a mensagem. Estão diante de algo surreal, pela presença da mensagem e a ausência do seu registro. Uma das hipóteses mais aceitáveis é a de que estamos realmente frente a uma inteligência superior ou Inteligência Artificial, que nos "faz de gato e sapato".

O professor lamenta não poder contribuir de forma mais eficaz, mas infelizmente admite, que o vírus demonstra estar muito mais avançado do que a nossa inteligência atual.

Neste ponto, o professor fita o aluno com o olhar perdido e diz: Jonas, não sei, talvez seja um palpite, mas quem sabe esse vírus, seja elaborado utilizando-se um algoritmo quântico, que a gente ainda não consegue desenvolver.

Ou seja um vírus, desenvolvido em redes neurais, suportada por Inteligência Artificial ainda distante dos nossos atuais conhecimentos de computação. Jonas olha para o mestre, impactado por toda aquela sabedoria que ele possui ou parece colher no espaço, através dos seus olhos perdidos. São questões reflexivas importantes que o professor levanta, que só o tempo poderá responder.

Com relação à decodificação do código que apareceu na tela de Arthur, Jonas pergunta para o mestre: professor, como o senhor conseguiu, qual foi a sacada que o senhor teve, para lograr êxito na charada, imposta pela mensagem?

O mestre olha para o discípulo, reconhecendo nele diversas qualificações e responde sabiamente: Jonas, à medida que nos tornamos mais lentos em movimentos, pelo próprio sentido da vida, aceleram-se outros sentidos ligados à metafísica. A busca pelo conhecimento da essência das coisas, do que realmente é importante para o nosso humano viver; valores como espiritualidade, compaixão, caridade e empatia devem se expandir. Isso me ajudou, quando deparei-me com a frase enigmática.

Após dizer isto, o professor relata que em sua juventude, uma das suas brincadeiras preferidas era o de decifrar enigmas, propostos por charadas. Que isto era incentivado pelos mais velhos e ele acreditava que o ajudava, em formar um raciocínio mais complexo, mas sem provas.

Hoje a neurociência demonstra, através de tomografias, que tanto as áreas do lado direito (o intuitivo) e o esquerdo (racional) do cérebro, são ativadas perante certos enigmas.

E continua sua explicação, comentando que a

frase emblemática aparece dentro de um cenário caótico, de um país sendo paralisado, não por armas físicas, mas por algo digital. Em um mundo, no qual a escolha do "ter" supera a do "ser" e no qual, Deus está morto, conforme dito pelo filósofo alemão Nietzsche.

A ciência e a lógica tentando suplantar Deus, como a ameaça da Inteligência Artificial, que nos deparamos no momento.

O sábio professor fala para Jonas: o homem precisa entender que estamos todos interligados. Somos parte do todo e o todo se reflete em cada um de nós; que a nossa constituição genética possui a poeira das estrelas. O professor avança seus pensamentos dizendo: reconheço o difícil caminhar que se apresenta a nossa frente. Para ilustrar seu pensamento, cita o exemplo do próprio gênio Einstein, quando se indignou perante o indeterminismo proposto pela teoria de Heisenberg, explicitado na sua famosa frase: "Deus não joga dados com o universo". Se ele Einstein, com todo o seu brilhantismo intelectual, não foi capaz de perceber a interação de tudo que nos cerca, logo o caminho que se precisa trilhar é longo.

Jonas ali escutando aquela sabedoria plena de conhecimentos filosóficos, expostos pelo seu mestre, pela provocação de uma frase, interpretada por ele, como banal. E pensa: não consigo entender como ele, uma pessoa com toda a carreira voltada às ciências exatas, possa nadar de braçadas por toda a filosofia, como ele o faz. Realmente esse professor é especial!

Como é longa a estrada desse mestre e eu aqui, no começo dela. A vantagem que possuo é que já vi a sua sinalização. Mentalmente, agradece ao docente os seus ensinamentos.

Jonas mal termina o seu pensamento, quando seu celular toca. Ele se vira para o professor e pergunta: posso atender? O mestre faz um movimento de concordância com a cabeça e complementa, dizendo: claro!

Do outro lado da linha, seu Gerente de TI lhe passa a notícia, de que o vírus foi eliminado do país, por um antivírus instalado pelo governo. Explica que todo o setor de gás, energia e educação estão isentos do vírus.

Que os próprios Ministros da Energia e de Educação enviaram e-mails aos seus subordinados diretos, como presidentes e diretores e estes, aos demais colaboradores, com o respectivo link do antivírus.

Que ele acessou o antivírus, tentando descobrir qual o seu protocolo de sua criação, mas pelo que parece, ele possui uma estrutura desconhecida dos padrões atuais; enfim, algo muito estranho, como se tivesse sido criado por computadores quânticos, linguagens estranhas.

Jonas desliga, com os olhos brilhando de alegria e num gesto espontâneo e intuitivo abraça o professor e diz: mestre, estamos livres do vírus!

Em seguida, explica o conteúdo da ligação.

Enquanto escuta o aluno, a mente do

professor viaja até o seu país de origem e nele, vê refletida a imagem de seu sobrinho Ho, trabalhando nos computadores quânticos, para criar o antivírus, capaz de eliminar essa ameaça, que paralisou o país. Ele é tomado por um sentimento de agradecimento, paz e felicidade. Um imperceptível lacrimejar, umedece aqueles sábios olhos.

O jovem aluno não sabe ainda e talvez nunca o saiba, como o universo é capaz de unir pessoas, que têm o mesmo propósito, estejam elas em quaisquer partes do planeta, ainda assim, elas se conectam. Não há como deter o inexorável caminhar do bem!

"A esperança é o sonho do homem acordado."
Aristóteles

A ESPERANÇA

Capítulo XII

A Ficção de Binh: o PAI...

Nyan ouve uma elevação no tom da conversa e um certo timbre de alegria, que a condicionam a olhar em direção a sua origem. Ao fazê-lo, se depara com uma cena pouco comum para os padrões asiáticos: Jonas e seu marido, irradiando uma felicidade extrema, após um fraterno abraço.

Quase que simultaneamente, Jonas gira a cabeça e vendo-a lhe diz: estamos livre do vírus! Meu Gerente de TI informa que surgiu um software, um antivírus cuja origem é desconhecida, que exterminou o vírus. Que o programa veio em um link, de um e-mail enviado pelo Ministro de Minas e Energia, cujo título é: Segurança Nacional.

Ele disse que até agora, não descobriu nada sobre qual foi o algoritmo utilizado no antivírus. Que o mesmo parece possuir uma eurística totalmente desconhecida.

Comenta também, que uma mídia suspeita pelo vazamento de informações falsas, veicular em várias plataformas que o governo ficou livre do vírus, pelo pagamento de um resgate bilionário, a um grupo de hackers, cujo endereço de IP (protocolo de rede) está localizado na Ilha de Creta, na Grécia.

Segundo ele, na verdade, há dúvidas sobre como o vírus foi eliminado; se por expertise própria ou pelo pagamento de resgate.

Nyan ao ouvir isso, vira-se para Binh, com brilho diferente no olhar, pois como seu marido, também percebeu a ação de seu sobrinho Ho, no que acaba de ouvir.

Ela sempre é muito recatada, mas não consegue manter-se assim e diz numa aveludada voz: vamos comemorar isso! Farei um delicioso chá, que recebi de presente de uma amiga, que veio há pouco tempo da China. Ela omite que foi ela quem o trouxe.

Enquanto prepara o chá, sua mente viaja, e tudo se passa como a sinopse de um filme: o aluno de seu marido falando de um vírus, ela viajando para a China, o reencontro com sua irmã, a visita ao seu cunhado, o encontro dele com o seu filho, o retorno dela, e agora a notícia de que o vírus foi extinto. Tudo se passa como um flash na sua mente. Percebe-se invadida por uma sensação de paz interior e felicidade, em ter sido um elo desta cadeia de acontecimentos inimagináveis.

O chá preto é servido em três belas xícaras coloridas, com pedaços de torta de chocolate.

Sentados à volta da mesa de jacarandá, os três doutores saboreando o chá chinês, passam a tecer comentários sobre o momento atual pelo qual passa o país, que foi quase paralisado por uma frase emblemática e provocativa da psique humana.

As conversas giram em torno da Inteligência Artificial e de como líderes mundiais como Elon Musk, dono do Twitter, Tesla, Space X e xAI; Steve Wozniack, cofundador da Apple, e uma centena de outros pesquisadores, cientistas e acadêmicos têm se manifestado, pedindo uma pausa no seu desenvolvimento. Que a Inteligência Artificial poderia destruir a humanidade.

No mesmo sentido de preocupação, o CEO da OpenAI, San Altman, que desenvolveu o ChatGPT, tem feito viagens ao redor do mundo, pedindo a regulamentação da Inteligência Artificial. Ele alega que por terem uma amplitude global e se tornarem muito poderosos, esses sistemas requerem uma coordenação global, para mitigar possíveis ameaças à humanidade. Ele viaja buscando apoio para uma regulamentação mundial, pois entende a Inteligência Artificial desregulada, como algo tão terrível, quanto uma guerra nuclear ou uma pandemia, como a ocorrida recentemente. Nessa procura por apoio de uma aliança global, já visitou vários países, como Emirados Árabes Unidos, Israel, Índia e recentemente a Coreia do Sul.

Jonas comenta que leu notícias da Reuters, nas quais o empresário Elon Musk encontrou-se com altos dirigentes do governo chinês, para tratar de regulação da IA. Esforços no mesmo sentido fizeram com que Estados Unidos e União Europeia se reunissem na Suécia, no último mês, para estabelecer uma supervisão para a IA.

Jonas em uma de suas colocações, relata que tomou conhecimento de que o Parlamento Europeu aprovou um projeto para regulamentação da IA, em todo o bloco de 27 países. Que tal projeto deverá em seguida, ser transformado em lei e será a primeira lei do mundo, no gênero.

O objetivo principal da regulamentação é, prioritariamente, garantir os direitos civis fundamentais à saúde e segurança, se proteger contra as ameaças da IA, promovendo e incentivando a inovação tecnológica.

Explica que o projeto tem tudo para dar certo, pois estabelece multas àqueles que não cumprirem a legislação, que podem chegar a 30 milhões de euros ou 6% da receita bruta da empresa.

Jonas relata com entusiasmo que uma das maiores esperanças evidenciadas, foi o secretário-geral das Nações Unidas (ONU), António Guterres se manifestar favorável à criação de uma entidade filiada à organização, para tratar a IA através de uma governança global, sopesando os benefícios e riscos para a humanidade.

Após as palavras de Jonas, Binh que o havia escutado atentamente, com o olhar perdido no horizonte, comenta: Jonas o que você disse são fatos, não há como negá-lo. Uns já aconteceram, outros em andamento e os demais, provavelmente ocorrerão. Mas o que quero falar, pode ser considerado sonho, ficção ou utopia. Nela, visualizo a criação de uma governança global, incluindo as nações de todos os continentes do planeta Terra, acima de ideologias, para a elaboração de um protocolo para utilização da IA. Para garantir a efetivação desse protocolo, seriam instaladas barreiras anticibernéticas, defendidas não por sistemas bélicos como mísseis superfície-ar, mas pela própria IA, utilizando uma internet 8G e computadores quânticos, cuja precisão de cálculos alcançada seja superior aos atuais. Nesse instante, o professor para, perscrutando o horizonte, como se estivesse coletando o que dizer, para em seguida recomeçar: esse sistema será denominado de PAI (Protected Artificial Intelligence) - Inteligência Artificial Protegida. O PAI nos protegerá!

Após dizer isso, o sábio professor toma uma profunda respiração, para em seguida complementar seu pensamento: o PIB mundial gira em torno de 76 trilhões de dólares. Imagine 1% desse valor, algo em torno de 760 bilhões, sendo aplicado nesse sistema protetivo, para preservação da raça humana, o que não poderia ser feito.

O ser humano tem se esquecido da sua dualidade material/espiritual. Enquanto olha para baixo, para o seu celular, para o "ter", perde a conexão com o sagrado, com o "ser".

Talvez, quem sabe, este sistema, o PAI, seja o indutor de uma nova visão, onde ao olhar para cima, -referindo-se às barreiras protetivas anticibernéticas-, o humano se conecte simultaneamente, com a sua dualidade, imago Dei, a sua essência divina.

E finaliza sua exposição, dizendo:

A destruição da humanidade será coberta e protegida pelo PAI! Essa é a minha ficção!

Enquanto Binh falava, Nyan com seu jeito manso, dava vazão a sua intuição e sensibilidade feminina e pensava: como o universo é perfeito! Tudo acontece no exato momento em que tem que ocorrer, queiramos ou não. Arthur, ele foi o começo. Por que ele foi o escolhido? Ela se questiona ao Cosmo, como já havia acontecido com o seu sobrinho Ho e com o seu marido Binh.

Deve ter algum motivo especial para que as ações se cumpram, em uma lógica que não conseguimos ainda entender, mas nada as detêm.

Ela prossegue em sua análise: após Arthur, Jonas foi o elo que propiciou retribuir o amor que este país nos acolheu. Assim como nós, eles, muitos outros e o país, somos sujeitos de uma outra ação, muito maior, que se nos escapa, pela limitada compreensão humana que possuímos.

Neste instante sublime, de enlevo e inspiração, ela vê um lindo pássaro azul, pousar suavemente próximo a sua janela, como se fosse um mensageiro do céu, abençoando aquele momento.

Ele se deixa observar e como se virasse a cabeça para ela, depois de alguns segundos parte, deixando um rastro azul no coração e alma de Nyan.

Capítulo XIII

A Varanda do Amor

Após a despedida do aluno Jonas, que havia explicado como o vírus sumiu de todos os computadores, Binh caminha em direção a sua amada esposa, com olhos de ternura. Passa o braço gentilmente sobre o seu ombro, trazendo-a para junto do seu corpo. Na posição em que se encontram, parece existir uma uniformização em seus batimentos cardíacos, como se fossem um único coração, uma única vida, vibrando junto às energias do universo.

Enquanto ali permaneceram tomados por aquela sensação de agradecimento, eles não sentem mais os seus pés no chão, não são mais humanos: transcenderam à matéria.

Passado o estado de transe, eles se olham profundamente. Não precisam dizer mais nada, aquele olhar contém o universo.

Nyan fala para ele: só falta uma parte do plano a ser concluída. Binh responde: Sim, eu estava pensando exatamente nisso agora, para lhe falar. Ligarei para o meu irmão Denh e lhe passarei o código combinado. Ela acena, concordando com a cabeça. Eles estavam se referindo ao planejamento que fizeram, para que as informações referentes ao ataque do vírus, fossem passadas ao sobrinho Ho e do código que seria enviado, relativo ao sucesso da operação.

Binh faz a ligação, seu irmão atende e entre outras conversas ele diz: hoje encontrei o contador, que está abrindo a sua empresa e ele me pediu para lhe passar o seguinte recado: não há mais impedimentos para ela funcionar.

Ao ouvir o código dito entre as conversas, Denh é invadido por uma sensação de plenitude, de paz e agradecimento e responde para o irmão: que notícia maravilhosa você me deu, fiquei muito feliz!

Ao desligar o telefone, sente-se tomado por uma energia confortadora, em saber-se participe, um dos pequenos elementos, desta grande cadeia universal voltada ao bem comum. Ainda na mesma posição em que se encontra, em pé, lembra-se de que precisa ligar para seu filho, que também conhece o código. Ho atende a ligação e responde para o pai: ah, sim, ótimo que sua empresa está sem impedimentos e liberada para funcionar!

Após o término da ligação de Binh para seu irmão, Nyan se dirige à cozinha e de lá retorna, com duas taças, com pedaços de melão.

Enquanto degustam aquela refrescante fruta, Nyan fala para seu amado marido: você já parou para pensar no número de situações e de pessoas, que foram necessárias para que estivéssemos aqui, agora, felizes comemorando a vitória de algo, muito maior do que cada um de nós, isoladamente? Ele olha admirado a pequena figura a sua frente, -que demonstra um profundo conhecimento interior-, levantar questões emblemáticas e metafísicas de forma tão natural e espontânea que não resiste e comenta: Nyan estou muito feliz em estar ao seu lado, absorvendo essa sua sabedoria universal, que só os grandes iluminados possuem.

As palavras dele foram impregnadas com a fragrância suave, das pétalas de uma flor da noite, que difundiu-se no ambiente, eternizando aquele momento único. Tudo ali é paz!

Após participarem de um instante tão significativo em suas vidas, o casal se dirige à varanda. Nela, Binh sentado ao lado de sua esposa Nyan, de pernas elevadas, contemplam o firmamento. Um céu mágico se revela aos seus olhos. O intermitente suave piscar de luzes dos mais distantes objetos, com os seus matizes de cores e brilhos, desnudam o universo de encantamento da noite. Envolvido naquele momento de êxtase e felicidade, com voz emocionada diz para sua adorada companheira: um dia esse país nos acolheu, nos abraçou como uma mãe faz com o filho amado. Deu-nos o colo que precisávamos. Agora, muitas décadas depois, eu fico muito grato e feliz em saber que retribuímos, colocando nossas vidas em risco, para salvar esse país que nos recebeu tão maternalmente.

Nyan ouve as palavras do companheiro que a

projetam no passado, sensibilizando-a.

Vira a cabeça, coloca a mão dele, entre as suas e suavemente a massageia. Seus olhos se encontram e eles dizem tantas coisas! Lágrimas cristalinas eternizam esse momento sublime, onde uma estrela cadente se joga, iluminando a varanda do amor e um céu mágico, onde na formação das estrelas, podia-se ler a palavra PAI.

Primavera de 2023

www.ingramcontent.com/pod-product-compliance
Ingram Content Group UK Ltd.
Pitfield, Milton Keynes, MK11 3LW, UK
UKHW041845200726
13854UKWH00005BA/2170